DANIEL POROT

Institut Européen d'Administration des Affaires (INSEAD 1966)
Ecole Supérieure de Commerce de Paris (ESCP 1963)
Expert auprès de l'ONU

VOTRE ENTRETIEN D'EMBAUCHE : 107 CONSEILS POUR LE RÉUSSIR

DEUXIÈME ÉDITION

OU : LES EMBÛCHES DE L'ENTRETIEN D'EMBAUCHE

Diffusé par

Les Editions d'organisation

26, avenue Emile-Zola
F - 75015 PARIS
Tél. : (1) 45-78-61-81

Edité par

Cabinet Daniel Porot

40, rue des Vollandes
CH — 1207 GENEVE
Tél. : (022) 7350014

REMERCIEMENTS

Au moment où ce livre prend sa forme définitive j'exprime ma profonde reconnaissance à tous ceux qui m'ont aidé à le réaliser :

– Catherine BERTEAUX pour l'expression des visages des candidats et des recruteurs,
– Katia DUBEY qui a 100 fois remanié le texte depuis son ébauche jusqu'à sa mise en forme finale,
– Fernand GAVARD, responsable de la coordination,
– Marc MARTIN dont le sens de l'humour et l'esprit d'invention se sont donnés libre cours à travers les illustrations,
– les membres de ma famille, les amis et relations qui m'ont beaucoup apporté par leurs commentaires et leurs recommandations,
– tous les anonymes dont les expériences font la valeur et la crédibilité des conseils proposés à votre réflexion dans les pages qui suivent.

POURQUOI LE DAUPHIN ?

On nous demande souvent pourquoi nous avons adopté le dauphin comme emblême de nos activités.

Pour tenter de répondre à cette question, nous avons réuni quelques défintions concernant cet animal.

A vous d'y trouver ce qui a pu motiver notre choix !

Encyclopédie Alphabétique Larousse, OMNIS 2 volumes.

DAUPHIN *(Zool).* – Ce grand cétacé, très commun, doit à ses formes hydrodynamiques (qui le font ressembler à un grand poisson) une nage extrêmement rapide et aisée. Il se reconnaît à son «bec» séparé du front par un pli bien marqué. Les observations scientifiques tirées de son élevage permettent de lui attribuer un système de communication par ultrasons qui s'apparente à un véritable langage. Des conduites de jeu, d'entraide, etc., indiquent un psychisme élevé, lié à un cerveau de grandes dimensions par rapport à la longueur de l'animal (2,50 m). Certaines armées envisagent l'utilisation militaire du dauphin. La science des dauphins *(delphinologie)* est en plein essor. Les dauphins (genres *Tursiops, Steno,* etc.) forment la famille des delphinidés.

Dictionnaire des Symboles R. LAFFONT/JUPITER, J. Chevalier et A. Gheerbrant.

DAUPHIN. Symbolique lié à celles des eaux et des transfigurations.
Les pirates qui s'enivrèrent, après avoir lié Dionysos au mât de leur navire, tombèrent à la mer et furent changés en dauphins. Le dauphin est devenu alors le symbole de la régénérescence.

Larousse de la Langue Française, LEXIS 2 volumes.

Dauphin n.m. (bas lat. dalfinus, class. delphinus, gr. delphis; v. 1100). Mammifère marin de l'ordre des cétacés, vivant en troupe dans toutes les mers et se nourrissant de poissons.

TABLE DES MATIÈRES

AVERTISSEMENT

INTRODUCTION

1. DONNÉES ET CONSEILS DE BASE

– VOS BUTS ET OBJECTIFS 1.01
– LES 2 MARCHÉS DE L'EMPLOI ; VOS 2 ÉTAPES CLÉS 1.03
– LES DIFFÉRENTS TYPES D'ENTRETIENS 1.05
– LES CABINETS DE RECRUTEMENT 1.07
– LES CHASSEURS DE TÊTES 1.09
– LES RESPONSABLES DU PERSONNEL 1.11
– LES AUTRES TYPES DE RECRUTEURS 1.13
– VOTRE FUTUR RESPONSABLE 1.15
– LA DURÉE DE L'ENTRETIEN 1.17
– LES 8 DÉBOUCHÉS POSSIBLES D'UN ENTRETIEN 1.19
– LE MEILLEUR MOMENT POUR NÉGOCIER 1.21
– UN CONTRAT A 2 GAGNANTS 1.23

2. L'INFORMATION

– LA STRATÉGIE DE BASE 2.01
– LES SOURCES D'INFORMATION 2.03
– LA MÉTHODE P.I.E. : LES 3 ÉTAPES 2.05
– LA MÉTHODE P.I.E. : LES QUESTIONS CLÉS 2.07
– LE LIEU DU RENDEZ-VOUS 2.09
– LES FRAIS DE DÉPLACEMENT 2.11

3. LE TÉLÉPHONE

– LES RISQUES ET LES AVANTAGES DU TÉLÉPHONE 3.01
– LA TECHNIQUE DE RENSEIGNEMENT PAR TÉLÉPHONE 3.03
– LA PRISE DE RENDEZ-VOUS PAR TÉLÉPHONE 3.05

4. PRÉSENTATION ET SAVOIR-VIVRE

– L'ALLURE GÉNÉRALE 4.01
– LA PREMIÈRE IMPRESSION DONNÉE 4.03
– LA FAÇON DE S'HABILLER 4.05
– LA DÉMARCHE PHYSIQUE 4.07
– LE REGARD 4.09
– QUELQUES CONSEILS DE SAVOIR-VIVRE 4.11

5. LA STRATÉGIE DES RECRUTEURS

– LES 3 OBJECTIFS D'UN RECRUTEUR 5.01
– LES MISES EN SCÈNE CLASSIQUES 5.03
– LES 3 PIÈGES TENDUS AVANT L'ENTRETIEN 5.05
– LES 4 PIÈGES CLASSIQUES DURANT L'ENTRETIEN 5.07
– LES ENTRETIENS « EN CASCADE » 5.09
– LA TECHNIQUE DU SILENCE 5.11
– LES PIÈGES POSSIBLES APRÈS L'ENTRETIEN 5.13

6. LA STRATÉGIE DU CANDIDAT

AVANT L'ENTRETIEN

– LA PRÉPARATION DE L'ENTRETIEN 6.01
– L'ENTRAÎNEMENT PAR LA SIMULATION 6.03
– LES 8 POINTS CLÉS A VOUS FAIRE PRÉCISER 6.05
– LE TRAC ET COMMENT VOUS DÉTENDRE 6.07
– LA FAÇON DE RESTER NATUREL 6.09
– L'IMPORTANCE DU RANG EN ENTRETIEN 6.11
– LES DERNIÈRES MINUTES AVANT L'ENTRETIEN 6.13
– LE RETARD 6.15
– L'ATTENTE 6.17

PENDANT L'ENTRETIEN

– LES 3 PARTIES D'UN ENTRETIEN 6.19
– LE DÉBUT DE L'ENTRETIEN 6.21
– LA SÉCURISATION DE VOTRE INTERLOCUTEUR 6.23
– LES PROBLÈMES DE L'ENTREPRISE 6.25
– LES 7 CONSIGNES A OBSERVER 6.27
– LES 6 FAUX PAS A ÉVITER 6.29
– LE TEMPS DE PAROLE 6.31
– LA DURÉE DE VOS RÉPONSES 6.33
– LE RYTHME DE PAROLE 6.35
– LE BLUFF 6.37
– LES TITRES DES FONCTIONS 6.39
– LE PANIER EMPLOI 6.41
– LA PRISE DE NOTES EN ENTRETIEN 6.43
– L'ENTHOUSIASME ET SON IMPACT 6.45
– LES MOTS APPROPRIÉS, LES BONS CHIFFRES 6.47
– LA CONFIRMATION ÉCRITE DES PROMESSES 6.49
– LA CLÔTURE DE L'ENTRETIEN 6.51

APRÈS L'ENTRETIEN

– LES REMERCIEMENTS 6.53
– LE BILAN DE L'ENTRETIEN 6.55
– LA RELANCE 6.57
– LE DÉLAI POUR DONNER VOTRE RÉPONSE 6.59
– LE REFUS 6.61
– LE CHOIX ENTRE PLUSIEURS PROPOSITIONS 6.63
– LA CONFIRMATION ÉCRITE 6.65

7. LES QUESTIONS (DU RECRUTEUR)

LES QUESTIONS DU RECRUTEUR

– LES 3 QUESTIONS DE BASE 7.01
– LES 14 QUESTIONS LES PLUS FRÉQUENTES 7.03
– LES 14 AUTRES QUESTIONS 7.05
– LES QUESTIONS INDISCRÈTES 7.07
– LES QUESTIONS EMBARRASSANTES 7.09
– « PARLEZ-MOI DE VOUS » 7.11

– « QUELS SONT VOS QUALITÉS ET VOS DÉFAUTS ? » 7.13
– « ÊTES-VOUS SANS EMPLOI ? » 7.15
– « POURQUOI AVEZ-VOUS PERDU VOTRE EMPLOI ? » 7.17
– LES QUESTIONS PIÈGES 7.19
– LA REFORMULATION 7.21

LES QUESTIONS DU CANDIDAT

– L'ORDRE DE VOS QUESTIONS 7.23
– LES QUESTIONS QUI VOUS VALORISENT 7.25
– LES QUESTIONS DE VÉRIFICATION 7.27
– LES « Q.C.M. » 7.29
– LES QUESTIONS « ÉCHO » 7.31
– LES QUESTIONS « FERMÉES » 7.33
– LES QUESTIONS « ENTONNOIR » 7.35
– LES QUESTIONS « OUVERTES » 7.37

8. HANDICAPS ET MINORITÉS

– L'APPROCHE DE VOS HANDICAPS 8.01
– LE PRINCIPE DE TRAITEMENT D'UNE MINORITÉ 8.03
– L'ENTRAÎNEMENT A FAIRE FACE 8.05
– L'ARGUMENTATION POSITIVE 8.07
– LA TRANSFORMATION D'UN ÉCHEC EN EXPÉRIENCE 8.09

9. LES RÉFÉRENCES

– LES BONNES ET LES MAUVAISES RÉFÉRENCES 9.01
– LES CERTIFICATS DE TRAVAIL 9.03
– LE PISTON ET LES RECOMMANDATIONS 9.05

10. LE SALAIRE

– LES 2 MEILLEURES MÉTHODES DE NÉGOCIATION 10.01
– LES 3 AUTRES MÉTHODES USUELLES 10.03
– LE COÛT DE LA VIE 10.05
– L'ENTRAÎNEMENT A LA NÉGOCIATION 10.07
– LE SALAIRE NET OU LE SALAIRE BRUT 10.09
– VOTRE COÛT, VOTRE APPORT 10.11
– L'ART DE VOUS TAIRE 10.13
– REPOUSSEZ LA DISCUSSION 10.15
– L'ESTIMATION DU « JUSTE PRIX » 10.17
– CHOIX ENTRE BASE MENSUELLE ET BASE ANNUELLE 10.19
– LES GRILLES ET COURBES DE SALAIRE 10.21
– LES PRIMES ET AVANTAGES DIVERS 10.23
– LES AVANTAGES EN NATURE 10.25

CONCLUSION

AVERTISSEMENT

Avis aux Dames et Demoiselles.

Le masculin a été choisi pour tous les acteurs de cet ouvrage : il, le, celui-ci, celui-là, le candidat, le recruteur, l'ami, l'époux, le secrétaire, l'assistant...

L'autre formule : elle/il ou il/elle, celle-ci/celui-ci ou celui-là/celle-là, la/le ou le/la, candidat(e), recruteur(euse), ami(e), époux(se), assistant(e)... aurait rendu la lecture lourde et plus pénible.

Nous avons donc opté pour une formule légère et plus souple. Merci pour votre compréhension.

PETIT LEXIQUE

Dans ce livre nous avons donné à certains mots un sens précis.

Candidat : personne en poste ou hors poste à la recherche d'un premier emploi ou d'un nouvel emploi.

Collègues : personnes de même niveau hiérarchique que vous dans une organisation.

Contrat : accord (matérialisé par un papier) qui lie un individu à une organisation. Il peut être à durée indéterminée, à durée déterminée (prévu pour durer N mois seulement), à temps plein, à temps partiel (X % du temps, Y heures par jour, Z jours par semaine...), continu ou intermittent (s'arrêter puis reprendre).

Démarche : action entreprise en vue d'obtenir un entretien. Sont considérés comme démarches : une réponse à une annonce offre d'emploi, une lettre de candidature spontanée, un appel téléphonique...

Entretien : rencontre entre un candidat et le membre d'une organisation. Un entretien n'est pas nécessairement un « entretien d'embauche » dont l'objectif est d'obtenir une proposition. Un entretien peut aussi être un « entretien de plaisir » pour s'entraîner ou un « entretien d'information » pour collecter des données.

Interlocuteur : terme utilisé pour désigner la personne que rencontre un candidat au cours d'un entretien. Le plus souvent l'interlocuteur a le pouvoir de recruter.

Organisation : entité juridique telle que société, compagnie, entreprise, PME, PMI, multinationale, administration, service public, ministère, division, filiale, succursale...

Proposition : offre ferme d'embauche, c'est-à-dire proposition assortie d'un salaire, faite par une organisation à un candidat.

Recruteur : personne chargée de sélectionner des candidats c'est-à-dire d'en éliminer une partie et d'en choisir un parmi les restants.

Subordonnés : personnes situées à un niveau hiérarchique inférieur au votre dans une organisation.

Supérieur hiérarchique : personne située hiérarchiquement au-dessus de vous dans une organisation. Parfois désigné sous les appellations de : « boss », « chef », « patron » ...

INTRODUCTION

Vous venez d'ouvrir ce livre. J'espère qu'il vous sera utile. En fait, il existait déjà avant d'avoir pris forme !!! Pourquoi ? Tout simplement parce qu'il rassemble et résume toutes les expériences et techniques réussies qui m'ont été rapportées par des personnes en recherche d'emploi. J'ai écouté plusieurs milliers d'aventures, notant chaque fois les enseignements dont je pensais pouvoir un jour vous faire profiter.

Pour rendre ce livre digeste :

- je n'ai retenu que les questions qui préoccupent le plus ceux qui doivent se présenter à des entretiens d'embauche,
- je me suis imposé de ne traiter qu'un sujet par page,
- j'ai opté pour la simplicité.

Le contenu de ce livre est réparti en 10 chapitres.

Le premier chapitre vous présente les données de base dont la connaissance est un préalable indispensable à la préparation d'un entretien.

Les chapitres suivants exposent, en les illustrant, les différentes méthodes, stratégies et techniques qui vous permettront de vous présenter sur le marché de l'emploi non plus en quémandeur mais en offreur de service conscient de ses possibilités.

Le dernier chapitre vous dévoile tout ce que vous devez savoir pour réussir votre négociation de salaire.

Chaque page comporte 3 parties : une entame, un développement et une clôture.

- **L'entame (imprimée en gras) attire votre attention et vous donne envie de lire la suite.**

- Le développement vous présente des idées et cherche à vous convaincre.

- *La clôture (imprimée en italique) vous suggère un petit exercice pour vous entraîner.*

Je souhaite que cette lecture vous soit agréable et vous permette d'affûter les trois armes les plus efficaces pour réussir vos entretiens d'embauche : le bon sens, l'enthousiasme et ...l'humour !!

1 00

Décomposez votre objectif final en objectifs intermédiaires.

CHAPITRE I : DONNEES ET CONSEILS DE BASE

VOS BUTS ET OBJECTIFS

« Une stratégie c'est une tactique qui a réussi. Une tactique c'est une stratégie qui a échoué ! »

(Un haut responsable d'un groupe pharmaceutique international)

En établissant votre stratégie de recherche d'emploi, respectez deux principes.

* Premier principe : décomposez votre objectif final en objectifs intermédiaires.

Dans la vie courante vous décomposez, sans vous en rendre compte, ce que vous faites en opérations élémentaires. Par exemple, pour un bon repas, il faut d'abord s'asseoir puis saisir son couvert ; pour un voyage, d'abord se rendre à l'aéroport puis monter dans l'avion ...

Pour votre recherche d'emploi, faites de même. Décomposez votre objectif final en objectifs intermédiaires. Puis concentrez-vous uniquement sur l'objectif de l'étape dans laquelle vous vous trouvez.

Obtenez tout d'abord un premier rendez-vous. Il peut être très court : dix à vingt minutes seulement.
Au cours de ce premier rendez-vous, recherchez un second rendez-vous, plus long cette fois (trente à soixante minutes) et ainsi de suite...

Cela ressemble à une course à bicyclette : pour être efficace, un coureur a parfois intérêt à avoir le nez sur son guidon, tout en gardant à l'esprit son but final.

* Second principe : persuadez votre interlocuteur.

Au cours de l'entretien, votre rôle consiste essentiellement :

- à faire exposer par votre interlocuteur les problèmes ou soucis qui le préoccupent (sans jamais utiliser vous-même les mots : « problème » ou « souci ») ;

- à lui démontrer que vous êtes la femme ou l'homme de la situation en présentant pour chacun de ces problèmes ou soucis une réalisation professionnelle ou extra-professionnelle réussie qui montre que vous avez les qualifications nécessaires.

Identifiez deux relations qui réussissent particulièrement bien dans un sport ou une activité de loisirs : questionnez-les pour voir comment ils décomposent leur activité en étapes élémentaires.

Trouvez un emploi en obtenant d'abord un entretien.

CHAPITRE I : DONNEES ET CONSEILS DE BASE

LES 2 MARCHES DE L'EMPLOI ; VOS 2 ETAPES CLES

Avant de déguster un gâteau d'anniversaire, il faut souffler les bougies.

Avant d'obtenir une proposition d'embauche, il faut obtenir un entretien ...

Pour obtenir un entretien, vous pouvez exploiter deux marchés de l'emploi.

* <u>Le marché ouvert</u>.
  Il correspond aux postes qui sont signalés par voie d'annonces publiées dans la presse. L'organisation qui a besoin de quelqu'un fait paraître une annonce et choisit, parmi les candidats, celle ou celui qui lui convient le mieux.
  Sur 100 candidats recrutés, environ 20 à 30 le sont par voie d'annonces.

  Si vous obtenez votre entretien sur le marché ouvert en répondant à une annonce, vous aurez souvent la désagréable impression d'avoir à entrer dans les « mesures d'un poste ». Vos handicaps (âge, trop grande ou trop faible expérience, le secteur d'où vous venez...) pèseront lourd face à la masse des concurrents.

* <u>Le marché caché</u>.
  C'est celui où les postes sont pourvus par les démarches spontanées des candidats ou à la suite de recommandations d'amis... En aucun cas il ne s'agit de mouvements internes à une organisation, mais toujours d'engagements de personnes venant de l'extérieur.
  Sur 100 candidats recrutés, 70 à 80 le sont de cette façon.

  Si vous obtenez votre entretien sur le marché caché grâce à une démarche spontanée, vous avez alors une position de choix car la concurrence n'existe pas et vos handicaps s'estompent. Vous avez le sentiment de faire aménager un poste à « vos mesures ». Vous discutez d'égal à égal avec votre interlocuteur.

Il existe deux étapes fondamentales pour obtenir un emploi et la première règle pour être efficace consiste à les respecter.

* <u>Première étape</u> : obtenir un entretien.

* <u>Deuxième étape</u> : obtenir une proposition ferme d'embauche lors de cet entretien.

Cette règle élémentaire est très généralement oubliée car la majorité des chercheurs d'emploi n'essaient pas, dans un premier temps, d'obtenir UN ENTRETIEN ...mais UN EMPLOI!!

Repérez dans votre vie quotidienne dix actions banales que vous pouvez décomposer en deux temps (par exemple : mettre la table puis déjeuner, se déshabiller puis se doucher, entrer dans une boutique puis acheter, etc...).

Décelez rapidement le type d'entretien où vous vous engagez.

CHAPITRE I : DONNEES ET CONSEILS DE BASE

LES DIFFERENTS TYPES D'ENTRETIENS

Selon les points de vue, il y a :

2 types de recruteurs : les sympas et les autres.
ou
3 types de recruteurs : les directifs, les semi-directifs et les non-directifs.

Rappelez-vous que vous n'êtes pas le seul candidat sur les rangs et que votre recruteur a beaucoup d'autres fonctions en dehors de celle du recrutement. Son temps est précieux.

Votre attitude doit donc être celle d'une personne qui s'adapte dès les premières minutes de l'entretien. Essayez tout de suite de savoir si vous êtes en face d'un homme directif, semi-directif ou non directif.

* Le recruteur directif mène l'entretien d'un bout à l'autre en suivant un plan rigoureux. Répondez vite à ses questions, soyez réaliste et citez de très courts exemples. N'ayez pas peur d'être trop bref. Si vos exemples sont bien choisis, il ne manquera pas de vous demander d'en parler plus longuement. Laissez-le vous le demander.

* Le recruteur semi-directif est sans doute celui que l'on rencontre le plus fréquemment. Il engage généralement l'entretien sur le mode « à bâtons rompus ». L'un de ses buts est de vous mettre à l'aise afin de mieux vous comprendre. Jouez le jeu sauf s'il s'agit d'une partie truquée de colin-maillard. Ayez toujours l'esprit en alerte. Sachez, comme cela est expliqué plus loin, mener par moments l'interview.

* Le recruteur non directif vous expose très brièvement la règle du jeu et vous laisse vous débrouiller seul. Beaucoup de candidats appréhendent cette méthode alors que c'est certainement l'une des plus simples. Vous pouvez la préparer à loisir et ordonner vos arguments de vente dans l'ordre qui vous semble le plus opportun.

Pour mieux vous connaître, posez-vous les 2 questions suivantes :

Première question

Suis-je : * *Directif ?*
* *Semi-directif ?*
* *Non directif ?*

Deuxième question

Y-a-t-il une relation entre le fait d'avoir confiance en moi et d'être directif ou non directif ?

Faites du cabinet de recrutement votre allié.

CHAPITRE I : DONNEES ET CONSEILS DE BASE

LES CABINETS DE RECRUTEMENT

Devinette : Quel est le métier où, quand on dit « oui » à une personne, on est obligé de dire « non » à plusieurs autres ?

Réponse : recruteur professionnel.

Les cabinets de recrutement et de placement servent d'intermédiaires entre l'organisation qui recrute et les candidats qui recherchent un nouvel emploi. Ils travaillent habituellement par voie d'annonces et parfois (si la législation de leur pays le permet) utilisent des fichiers de candidatures qu'ils ont constitués.
Ils sont rémunérés par l'organisation qui recrute. Leur commission ou la somme qu'ils perçoivent en honoraires est :

* parfois variable : elle est en général comprise entre 5 et 20 % (ou 10 à 15% en fourchette étroite) du salaire annuel de la personne recrutée et représente approximativement un à deux mois de son salaire ,
* parfois fixe : c'est alors une somme forfaitaire dont l'ordre de grandeur correspond aux chiffres précédemment cités.

Les cabinets de recrutement réalisent essentiellement deux tris des candidats :

* un tri sur dossier à partir des informations reçues par courrier,
* un tri lors d'entretiens.

En règle générale, ils proposent à l'organisation ce qu'on appelle dans ce métier une « short list ». C'est une liste de 2 à 7 candidats retenus parmi les 50, 100 ou 200 personnes qui ont répondu à l'annonce qu'ils ont placée. L'organisation arrête ensuite son choix final.

Etant donné la diversité des missions qui leur sont confiées, les cabinets de recrutement ne connaissent pas nécessairement la spécificité d'un poste précis ou d'une technologie particulière. Quand vous discutez avec eux, évitez d'utiliser un jargon professionnel et efforcez-vous de présenter vos performances et réalisations passées en utilisant des termes clairs et simples.
Demandez-leur une copie de la description de fonction du poste à pourvoir, ils en possèdent presque toujours une. N'hésitez pas à les féliciter si vous la trouvez bien conçue ou à émettre certaines réserves ou commentaires sur tel ou tel aspect de la fonction si cela vous semble opportun.

« Passez mentalement » de l'autre côté du bureau lors de votre entretien avec un recruteur professionnel.
Pensez aux affres et douleurs qu'il traverse.
Trouvez les 2 risques qu'il prend en recommandant un mauvais candidat.

Gardez la tête froide face aux chasseurs de têtes.

CHAPITRE I : DONNEES ET CONSEILS DE BASE

LES CHASSEURS DE TETES

Chasseurs de têtes = head hunters = sociétés de search = sociétés de recrutement par approche directe.

Les chasseurs de têtes sont des intermédiaires dont la spécialité est le recrutement par approche directe. A la différence des cabinets de recrutement et de placement, ils n'insèrent jamais de petites annonces dans la presse quotidienne, hebdomadaire ou mensuelle. A cela, une petite exception : ils insèrent parfois des annonces dans des bulletins d'Ecoles ou d'Universités publiés et diffusés exclusivement à leurs anciens élèves.

Leur rémunération peut être forfaitaire et fixe, variable ou comporter une partie fixe et une partie variable. Cette rémunération ou ces honoraires sont, en règle générale, de un à deux mois (dans une hypothèse basse) et de quatre à six mois (dans une hypothèse haute) du salaire annuel de la personne recrutée. La moyenne classique est de trois mois. En tout état de cause, leur intervention coûte de 2 à 4 fois plus que celle d'un cabinet de recrutement et de placement traditionnel.

Ils approchent les candidats essentiellement de cinq façons : par téléphone, par lettre, par tiers ou relations interposés, par « accident » au cours d'une réception ou d'un cocktail, ou enfin par l'insertion d'une annonce dans un bulletin d'anciens élèves.

Les chasseurs de têtes sont d'un abord séduisant. S'ils évoluent dans le métier depuis plusieurs années, c'est qu'ils sont probablement d'excellents professionnels. Mais attention : ce professionnalisme se marie souvent à un charme authentique. Ne vous laissez pas envoûter et sachez garder la tête froide lors de vos négociations avec eux. Leurs bureaux sont toujours impressionnants de luxe et de bon goût. Cela fait partie du jeu. La plupart d'entre eux précisent que les postes qu'ils ont à pourvoir sont uniquement d'un niveau supérieur, voire très supérieur. Il est plus juste de dire que la plupart des missions qui leur sont confiées correspondent à des postes qu'il serait illogique et inefficace de pourvoir par voie d'annonces.

Si vous êtes « chassé » ou approché par un « chasseur de têtes » réservez-lui le meilleur accueil et discutez avec lui. Si le poste qu'il vous propose ne vous intéresse pas, profitez-en pour vous faire enregistrer dans son fichier. N'hésitez pas à lui rendre quelques menus services. Les bons chasseurs sauront vous en être reconnaissants.

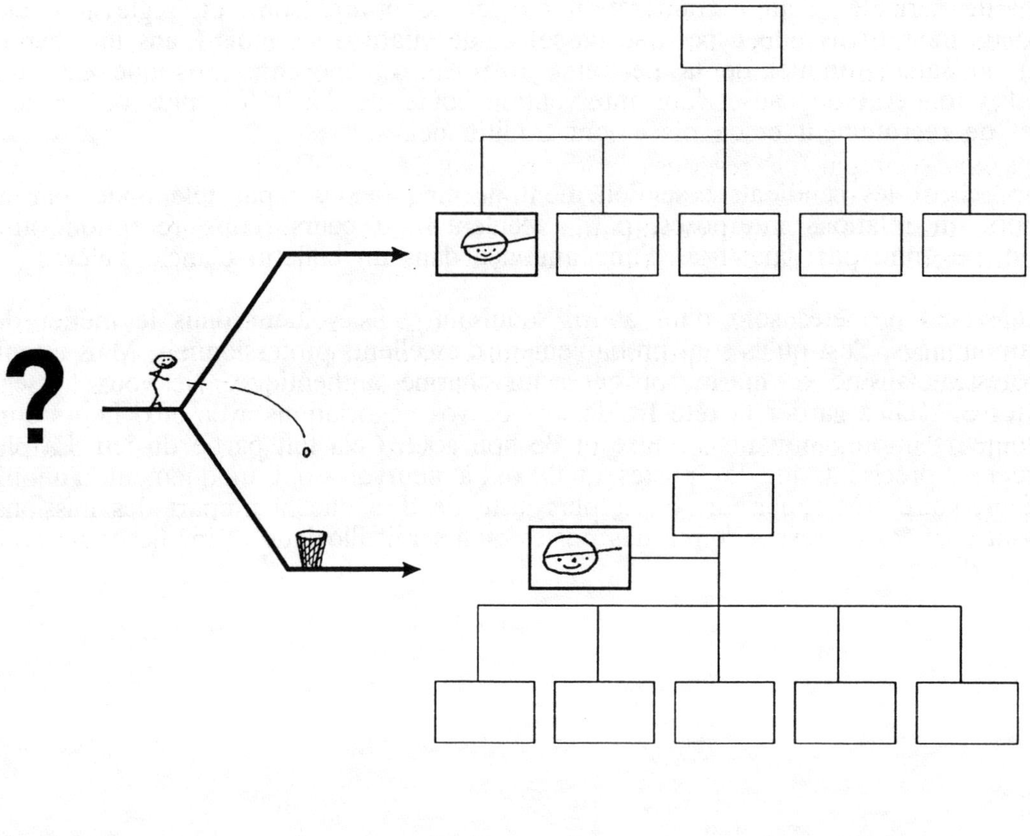

Contournez les CP, faites des DRH vos alliés.

CHAPITRE I : DONNEES ET CONSEILS DE BASE

LES RESPONSABLES DU PERSONNEL

Avant toute chose, sachez si le responsable du personnel qui est en face de vous est un D.R.H ou un C.P.

Le rôle de responsable du personnel peut être considéré de deux façons différentes : il peut être un conseiller (il est alors Directeur de Ressources Humaines, soit D.R.H.) ou un décideur (il est alors Chef du Personnel, soit C.P.). Découvrez tout de suite si vous avez à faire à un D.R.H. ou à un C.P.

Le titre ne fait pas la fonction, mais il y contribue .... Dans certaines organisations le « Chef du Personnel » a un « droit de vie et de mort » sur l'embauche ou le licenciement des employés ; c'est lui qui choisit le candidat recruté. Dans d'autres types d'organisations, le responsable du personnel est plutôt « Directeur des Ressources Humaines »; son rôle consiste essentiellement à optimiser les ressources humaines de l'organisation en conseillant et non en décidant.

Si vous êtes reçu par un responsable du personnel, identifiez rapidement son pouvoir. Demandez-lui par exemple : « Puis-je me permettre de vous demander votre fonction ou votre titre exact ? » ou « Pouvez-vous me préciser votre rôle précis dans le processus de ce recrutement : est-il de décider ou de conseiller ? »

Souvenez-vous néanmoins que, quelle que soit sa casquette, le responsable du personnel a plus tendance à juger votre aptitude à l'emploi en question sur vos talents et vos traits de personnalité (votre savoir-faire et votre savoir-être) que sur vos connaissances spécifiques (votre savoir).
Par contre, le responsable hiérarchique va plus loin pour mesurer vos connaissances (votre savoir).

Avez-vous jamais compté le nombre de métiers où l'on est au contact (ou très proche) des autres ?
Trouvez-en trente en moins d'une minute.
En voici dejà trois : masseur, responsable du personnel, croque-mort...

Mettez votre recruteur à l'aise.

Nous sommes tous des recruteurs qui s'ignorent.

Chacun d'entre nous peut se trouver un jour ou l'autre dans le rôle de recruteur.

La majorité des recruteurs sont « occasionnels ou intermittents », c'est-à-dire qu'ils ne remplissent cette fonction que de temps en temps et sans y avoir vraiment été formés. Rares sont les recruteurs qui ont eu la possibilité ou la chance de suivre une formation dans ce domaine.

Souvenez-vous donc que, la plupart du temps, votre recruteur n'est pas un spécialiste de la chose. Bien au contraire, il est tout aussi embarrassé que vous, si ce n'est plus.

Si vous le trouvez agressif ou timide (ce qui revient souvent au même) pensez à le mettre en confiance en étant particulièrement aimable, souriant et détendu.

Dites-vous que votre première mission est de mettre votre recruteur à l'aise.

Entraînez-vous à cet exercice en allant voir des guichetiers ou des huissiers particulièrement revêches.

Avant de leur adresser la parole, prenez votre temps, souriez-leur et restez un moment silencieux.

Rencontrez votre futur responsable hiérarchique.

CHAPITRE I : DONNEES ET CONSEILS DE BASE

VOTRE FUTUR RESPONSABLE

Accepter un emploi sans rencontrer au préalable celui qui sera au-dessus de vous est aussi risqué que de sauter d'un avion sans parachute... enfin presque ...

Lorsque vous êtes reçu par votre futur responsable hiérarchique souvenez- vous qu'il est souvent un recruteur « occasionnel ». Son jugement se porte sur vos connaissances (savoir), sur vos talents (savoir-faire) et vos traits de personnalité (savoir-être). L'entretien a plutôt une tournure technique et se passe « entre professionnels », ce qui rend les choses agréables.

Ce responsable est, en principe, celui pour lequel vous allez travailler et est situé directement au-dessus de vous dans l'organisation.
Il est capital de le rencontrer et de discuter avec lui assez de temps (et si possible à plusieurs occasions) pour que vous puissiez déterminer si le « courant » passe bien.

Etant « recruteur occasionnel », votre interlocuteur utilise peu de subterfuges, mais cherche plutôt à aller au coeur des choses.

Prenez soin de parler son langage (surtout si vous venez d'une autre fonction ou d'un autre secteur). Utilisez la terminologie en usage dans son domaine. Si vous la maîtrisez mal, rabattez-vous sur un vocabulaire neutre.

Pour vous aider dans le choix de votre futur responsable hiérarchique il existe une technique simple.
Posez-vous cette question élémentaire : « Si cette personne (qui sera un jour mon supérieur hiérarchique direct) vient à me réprimander ou à me féliciter, y serai-je sensible ? »
Dans l'affirmative, c'est le type de personne pour laquelle vous devez choisir de travailler.

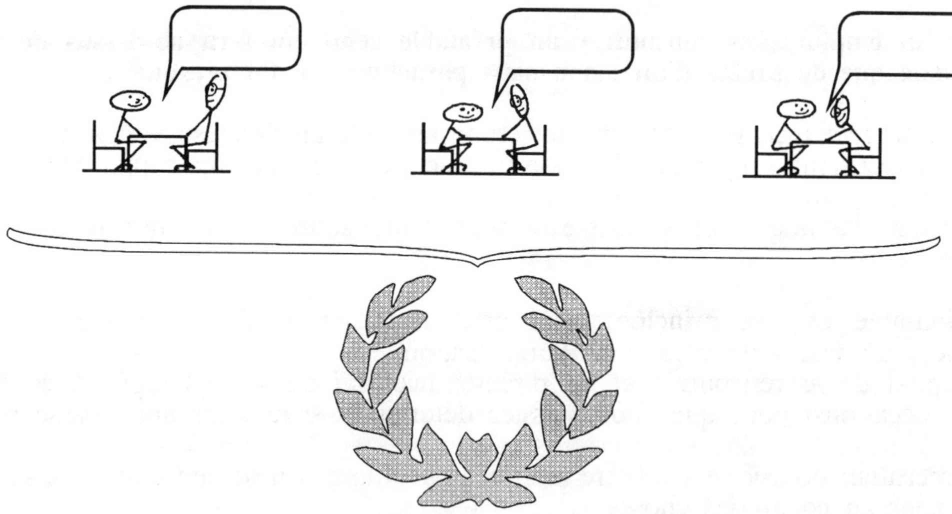

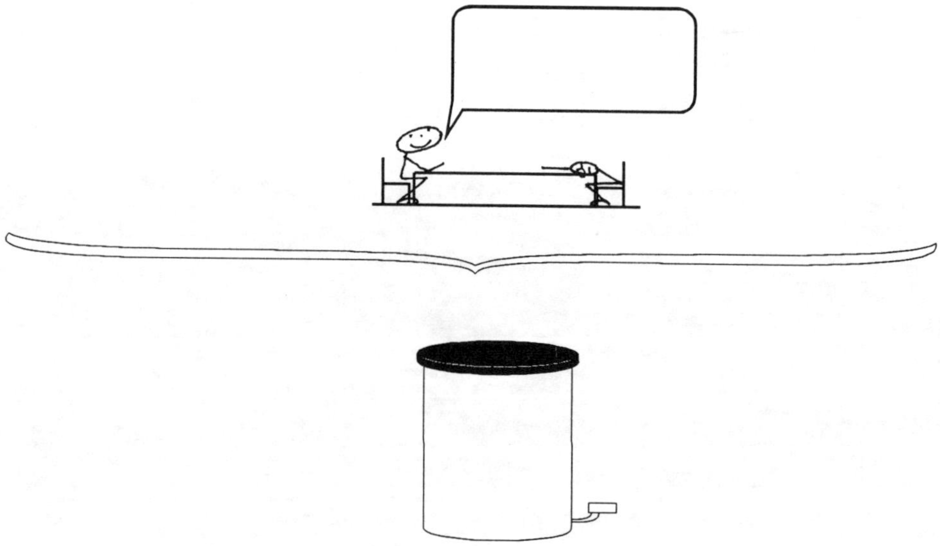

Limitez la durée de l'entretien :
3 entretiens valent mieux qu'un.

CHAPITRE I : DONNEES ET CONSEILS DE BASE

LA DUREE DE L'ENTRETIEN

Un bon clip de quelques minutes peut se révéler tout aussi passionnant qu'un chef d'oeuvre de quatre heures du style « Autant en emporte le vent ».

Les entretiens peuvent durer de dix minutes à une journée. Mais le nombre d'entretiens que vous passez avec une organisation est plus révélateur que le temps qu'ils durent.

Voici néanmoins quelques remarques sur ces entretiens. Ils sont classés en trois familles selon leurs durées.

* Les entretiens très courts (de dix à trente minutes).

  Ils correspondent souvent à des postes à faible responsabilité ou à haute rotation. Il s'agit aussi parfois de postes à haute responsabilité pour lesquels le recruteur se fie beaucoup plus à son instinct et à la période d'essai qu'à de longs entretiens.

* Les entretiens classiques (de vingt minutes à une heure).

  Le recruteur programme de un à trois entretiens par candidat. Le premier entretien sert à faire connaissance et à éliminer la plupart des postulants. Le second permet de vérifier des impressions recueillies au cours du premier entretien. Le troisième enfin aide le recruteur à se persuader qu'il est en train de prendre la bonne décision.

  Les études les plus récentes faites aux USA (et portant sur les trente dernières années) semblent prouver qu'il n'existe aucun outil valable et fiable permettant de prévoir avec une forte certitude les performances d'un individu dans un poste.

* Les entretiens en profondeur (qui durent une demi journée voire une journée).

  Ce sont des séances fatigantes. Autant que faire se peut, restez le plus alerte possible. Ne vous relâchez qu'une fois rentré chez vous. Au cours de ces séances-marathon, vous rencontrez plusieurs membres de l'organisation qui envisage de retenir votre candidature.

Après chaque entretien remplissez une fiche « compte rendu de visite ».
Complétez votre fiche par des commentaires que vous dictez sur magnétophone.

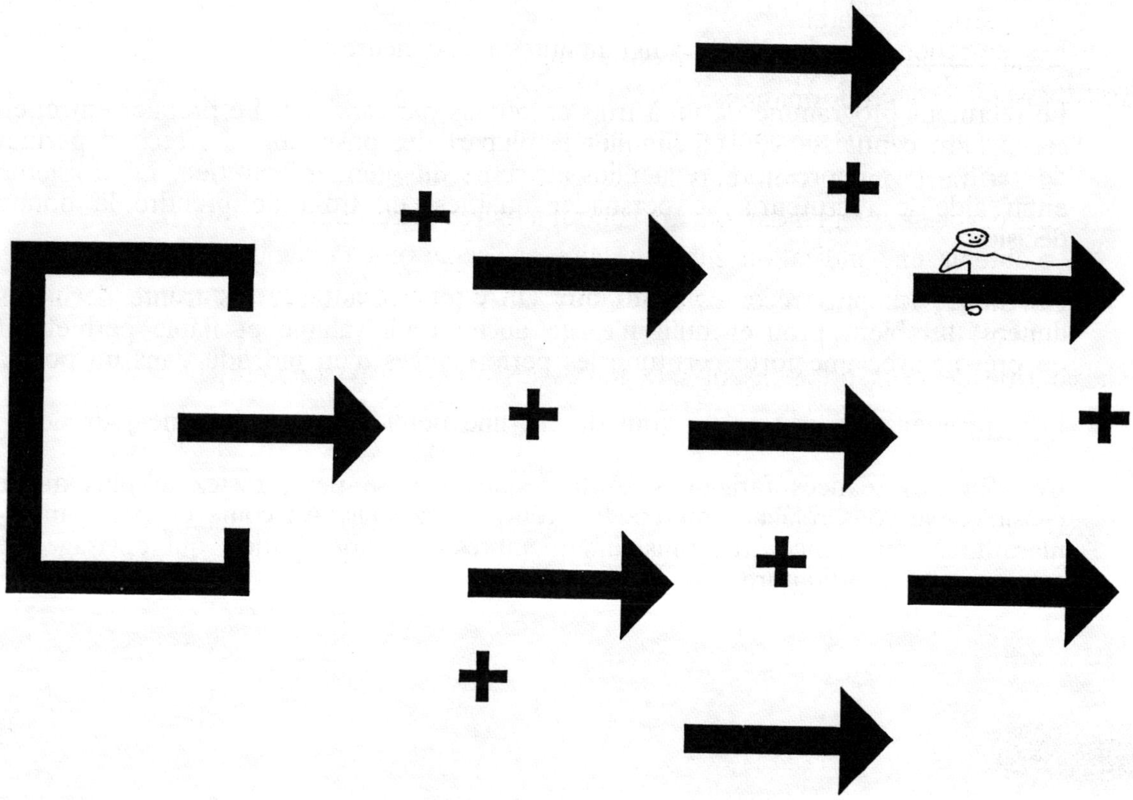

Débouchez toujours positivement d'un entretien.

CHAPITRE I : DONNEES ET CONSEILS DE BASE

LES 8 DEBOUCHES POSSIBLES D'UN ENTRETIEN

Le badaud : « Alors, monsieur le pêcheur, bonne pêche ? »

Le pêcheur : « Non. Mais quelle belle journée j'ai passée ! »

De même, retirez toujours quelque chose de positif d'un entretien.

Certains candidats se rendent à un entretien en pensant qu'il n'y a que deux issues possibles :

1. la bonne : obtenir une proposition ferme d'embauche,
2. la mauvaise : ne rien se voir offrir.

D'autres candidats partent gagnants à tous les coups. Ils se persuadent que l'entretien qu'ils vont passer peut leur apporter, entre autre, la possibilité :

1. de garder le moral,
2. d'améliorer leur efficacité en entretien,
3. d'obtenir des informations,
4. de se voir offrir un contrat à temps partiel,
5. de se faire enregistrer dans le fichier de l'organisation,
6. de négocier un mandat ou un contrat à durée déterminée,
7. d'obtenir une indication sur le salaire qu'ils peuvent demander,
8. et, pourquoi pas, de se voir proposer un emploi c'est-à-dire un contrat à durée indéterminée.

Faites partie de ceux qui pensent que toutes les expériences sont enrichissantes.

Avant chaque entretien, notez sur une fiche :

1. votre objectif prioritaire,
2. votre objectif de repli.

Lisez cette carte avant d'entrer en entretien. Pensez-y pendant l'entretien. Relisez-la en sortant.

Repoussez la négociation de salaire pour mieux l'emporter.

CHAPITRE I : DONNEES ET CONSEILS DE BASE

LE MEILLEUR MOMENT POUR NEGOCIER

« Poussez ! Poussez ! Poussez ! » dit l'accoucheur à la future maman contractée.

« Repoussez ! Repoussez ! Repoussez ! » dit le conseiller en recherche d'emploi et négociation de salaire au candidat angoissé.

La négociation de salaire doit être le dernier point à aborder dans un entretien d'embauche.

C'est pourquoi vous devez essayer de ne pas mentionner vos prétentions de salaire avant l'entretien (que ce soit par écrit ou par téléphone).

Si, au tout début de l'entretien, le recruteur vous demande vos prétentions de salaire, répondez-lui calmement, avec un grand sourire : « Je serai ravi d'aborder ce sujet lorsque nous aurons couvert les aspects importants du poste à pourvoir. »

Si, quelques instants plus tard, il revient à la charge et vous pose à nouveau la même question, restez sur vos positions.

Si, malgré votre position ferme, il insiste une troisième fois, répondez par une « fourchette » large :
« Je souhaite que mon salaire se situe entre XXX francs et YYY francs. »
Pour que votre « fourchette » soit vraiment large, prévoyez une marge de 50 à 80 % entre les deux montants des salaires mensuels que vous annoncez.

Le recruteur peut alors vous dire qu'il trouve votre « fourchette » beaucoup trop large. Répondez-lui que vous en êtes tout à fait conscient mais que vous serez en mesure de la resserrer lorsque vous saurez plus de choses sur :

- les responsabilités,
- la position hiérarchique,
- les perspectives de promotion,
- les possibilités de formation,

relatives au poste à pourvoir ; c'est-à-dire tous les éléments du « panier emploi ».

La prochaine fois que vous demanderez à quelqu'un une information chiffrée, plutôt confidentielle, utilisez la méthode de la fourchette large. Vous le verrez, l'accouchement sera plus facile.

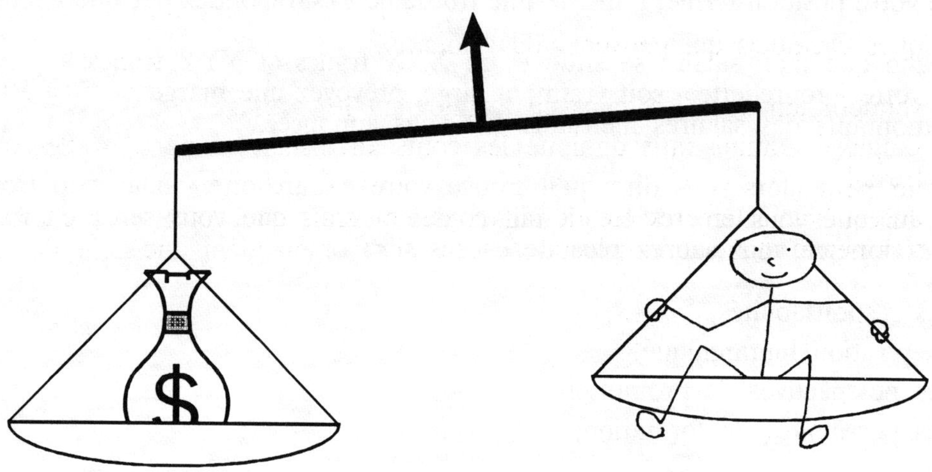

Rapportez plus que vous ne coûtez.

CHAPITRE I : DONNEES ET CONSEILS DE BASE

UN CONTRAT A 2 GAGNANTS

Un mauvais contrat est un contrat où il y a... deux perdants.
Un contrat médiocre est un contrat où il y a... un gagnant et un perdant.
Un bon contrat est un contrat où il y a... deux gagnants.

Votre contribution au développement de la compagnie qui vous emploie peut se concrétiser par :

* l'augmentation de ses gains,
* la diminution de ses coûts,
* la suppression ou l'évitement d'erreurs.

Afin de démontrer que vous pouvez servir ces trois causes évaluez vos résultats futurs et possibles en vous basant sur vos performances passées.

Faites cet exercice même si vous estimez que dans votre cas cela est particulièrement difficile (ce sera votre première réaction car « son propre cas » est toujours difficile et unique !).

Voici quelques exemples qui peuvent vous aider :

* un vendeur améliore les gains en augmentant les ventes ;
* un employé administratif diminue les coûts en instaurant de nouvelles méthodes de travail ;
* un avocat évite à une société de signer des contrats dangereux et, par conséquent, de commettre des erreurs potentielles en lui recommandant une ligne de conduite.

Questionnez trois personnes efficaces en affaires. Quelle est leur définition « d'un bon contrat » ?

Rassemblez un maximum d'informations avant l'entretien.

CHAPITRE II : L'INFORMATION
LA STRATEGIE DE BASE

Quelle différence y-a-t-il entre un demandeur d'emploi et un offreur de services ?

L'un s'informe avant l'entretien d'embauche... l'autre pas.

Le résultat d'un entretien est souvent acquis lors de sa phase préparatoire. Tout est dans la collecte d'informations et la mise en condition.

Avant l'entretien prenez soin de rassembler suffisamment d'informations. Ceci vous permet de prévoir les questions qui vont vous être posées et de pouvoir en poser.

Les stratégies les moins utilisées sont très souvent les plus fécondes. Il vous est possible d'obtenir d'excellentes informations sur les produits d'une société en recherchant les défauts des dits produits auprès des utilisateurs. Cela est plus rapide à réaliser et plus fiable que de découvrir les qualités auprès des vendeurs ou des revendeurs.

De même, le secrétariat d'un syndicat professionnel est l'une des sources les moins sollicitées et pourtant des plus efficaces pour obtenir des renseignements sur un secteur ou une société.

Pour découvrir le salaire d'une personne, il suffit de la faire parler de son emploi, puis de lui dire :
« Dans un job comme le vôtre, on doit gagner environ XXX francs par mois ! » Le XXX cité étant délibérément situé entre 20 ou 30 % au-dessus de ce qui vous semble être un salaire raisonnable pour un tel emploi.

L'interlocuteur réagit habituellement vivement en rétorquant : « Non, vous n'y êtes pas du tout. Moi je gagne seulement YYY francs par mois ». Il ira même jusqu'au franc près !

L'une des meilleures façons de recevoir consiste d'abord à donner.
Dans des domaines extra-professionnels approchez des personnes que vous connaissez peu ou mal et essayez d'obtenir des informations.
Testez deux techniques. La première consiste à vous limiter à poser des questions. Dans la seconde, par contre, dites clairement qui vous êtes, ce que vous savez... puis posez vos questions.

Comparez les résultats !

Captez les informations aux bonnes sources.

CHAPITRE II : L'INFORMATION

LES SOURCES D'INFORMATION

« Dans la vie, c'est extraordinaire ce que l'on peut découvrir quand on pose les bonnes questions. »

L'une des façons les plus radicales pour atténuer votre angoisse et améliorer votre efficacité en entretien est de vous renseigner et de vous informer.
Renseignez-vous sur le contenu probable du poste, sur l'organisation qui va vous recevoir et sur l'interlocuteur qui va vous questionner :

Sur 100 candidats qui se rendent à un entretien :
- * la grande majorité y va sans s'être renseigné,
- * une minorité s'y rend en s'étant informé sur l'organisation et le secteur,
- * une infime minorité se présente en s'étant renseigné sur le poste à pourvoir.

* Information sur le poste à pourvoir (la première en importance).

Quelles sont les tâches classiques d'un tel poste et les talents et connaissances qu'il faut avoir pour pouvoir les mener à bien ?
Rencontrez des personnes occupant un emploi semblable à celui que vous postulez. Faites-le avec des organisations autres que celles où vous désirez poser votre candidature. Enquêtez de préférence sur un territoire autre que celui sur lequel vous voulez mener votre campagne. Lisez les magazines, livres ou revues spécialisées qui existent sur le sujet.

* Information sur le recruteur (la seconde en importance).

Quel est son nom, son titre, son rôle, ses responsabilités, son pouvoir ?
La meilleure source d'informations est le standard téléphonique de l'organisation en question. Faites-le appeler par un ami, particulièrement doué pour faire parler les gens. Qu'il prépare pour cela un petit scénario par écrit pour qu'aucune hésitation ne soit perceptible. Contactez également des personnes du secteur ou du syndicat professionnel du secteur qui vous intéresse.

* Information sur l'organisation et son secteur (la troisième en importance).

Quelles sont les caractéristiques de l'organisation et de ses produits ou services et quels sont les traits marquants du secteur dans lequel elle évolue ?
En ce qui concerne l'organisation, demandez à un ami de téléphoner pour obtenir des brochures et des catalogues sur les produits ou services qu'elle offre. Consultez aussi les revues professionnelles. Elles publient à la fin de chaque année, un index alphabétique qui présente tous les articles écrits au cours de l'année écoulée. Repérez dans ces index les articles qui concernent l'organisation en question ou son secteur. Questionnez enfin ses clients ou ses revendeurs.

Si votre temps est compté, ou si vous n'êtes pas vraiment passionné par la collecte d'informations, renseignez-vous sur le contenu du poste auprès de confrères éventuels. Puis, s'il vous reste du temps libre, renseignez-vous sur votre interlocuteur et enfin sur l'organisation.

Pour bien vous entraîner à faire parler, testez les trois questions suivantes auprès de nouvelles connaissances :
- *1. - Pourquoi et comment avez-vous choisi de vivre là où vous habitez ?*
- *2. - Qu'est-ce qui vous plaît le plus dans votre loisir préféré ?*
- *3. - Comment avez-vous fait la connaissance de votre époux, épouse ou ami(e) ?*

2 04

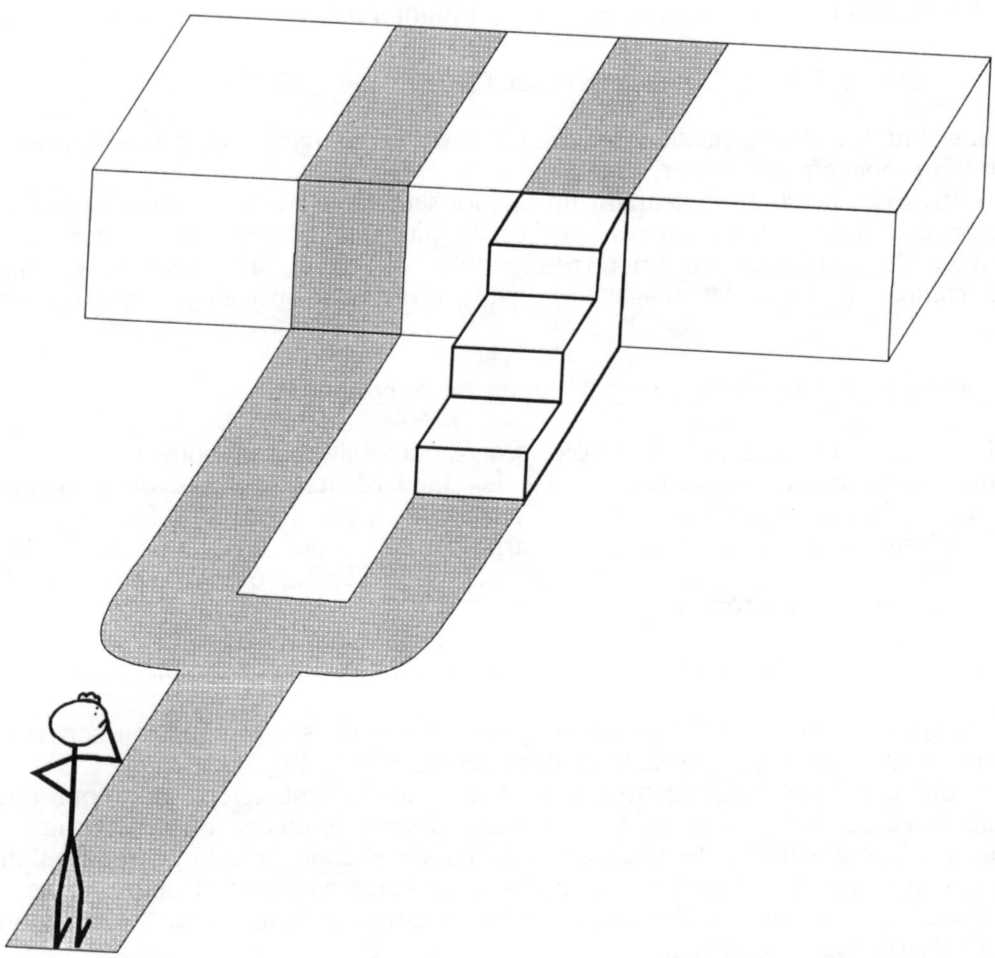

Progressez par seuils, grâce à la « P.I.E. ».

CHAPITRE II : L'INFORMATION

LA METHODE P.I.E. : LES 3 ETAPES

Pie : « Oiseau (Corvidés) à plumage noir et blanc, ou bleu et blanc, à longue queue. La pie jacasse, jase. Fig. C'est une vraie pie. - Fig. Trouver la pie au nid = faire une découverte d'importance, une trouvaille ».

(Petit Robert)

Si vous étiez plongeur sous-marin, vous refuseriez certainement qu'on vous remonte directement de 100 mètres de profondeur à la surface ; vous exigeriez de passer par des paliers de décompression.

Si vous étiez astronaute, vous refuseriez qu'on vous propulse de la surface de la terre dans les espaces intersidéraux sans combinaison pressurisée et sans mise en condition préalable.

Dans les deux cas, vous auriez raison ; il y va de votre survie. Pourquoi donc accepteriez-vous de passer subitement du salon de votre maison au bureau d'un recruteur sans étape intermédiaire ? Dans ce domaine également le changement de milieu sans phase de transition est suicidaire et rares sont ceux qui en réchappent.

Le déroulement de cette phase peut s'articuler selon une méthode imaginée par J. CRYSTAL et très largement vulgarisée par R. BOLLES. Nous l'avons baptisée la « P.I.E. » :

P comme Plaisir
I comme Information
E comme Embauche

Cette méthode a trois caractéristiques :

1. elle est connue : vous l'avez tous inconsciemment pratiquée dans le domaine de l'emploi ou dans d'autres domaines ;
2. elle est simple : il ne faut que quelques minutes pour la comprendre et l'assimiler ;
3. elle est efficace : elle réduit considérablement les accidents en cours d'entretien d'embauche et vous permet de négocier un poste à vos mesures.

Rencontrez une femme qui adore faire les courses, un joueur (loto, casino, tiercé...), un sportif de compétition.

Demandez-leur comment ils se renseignent avant : d'acheter, de miser, de concourir.

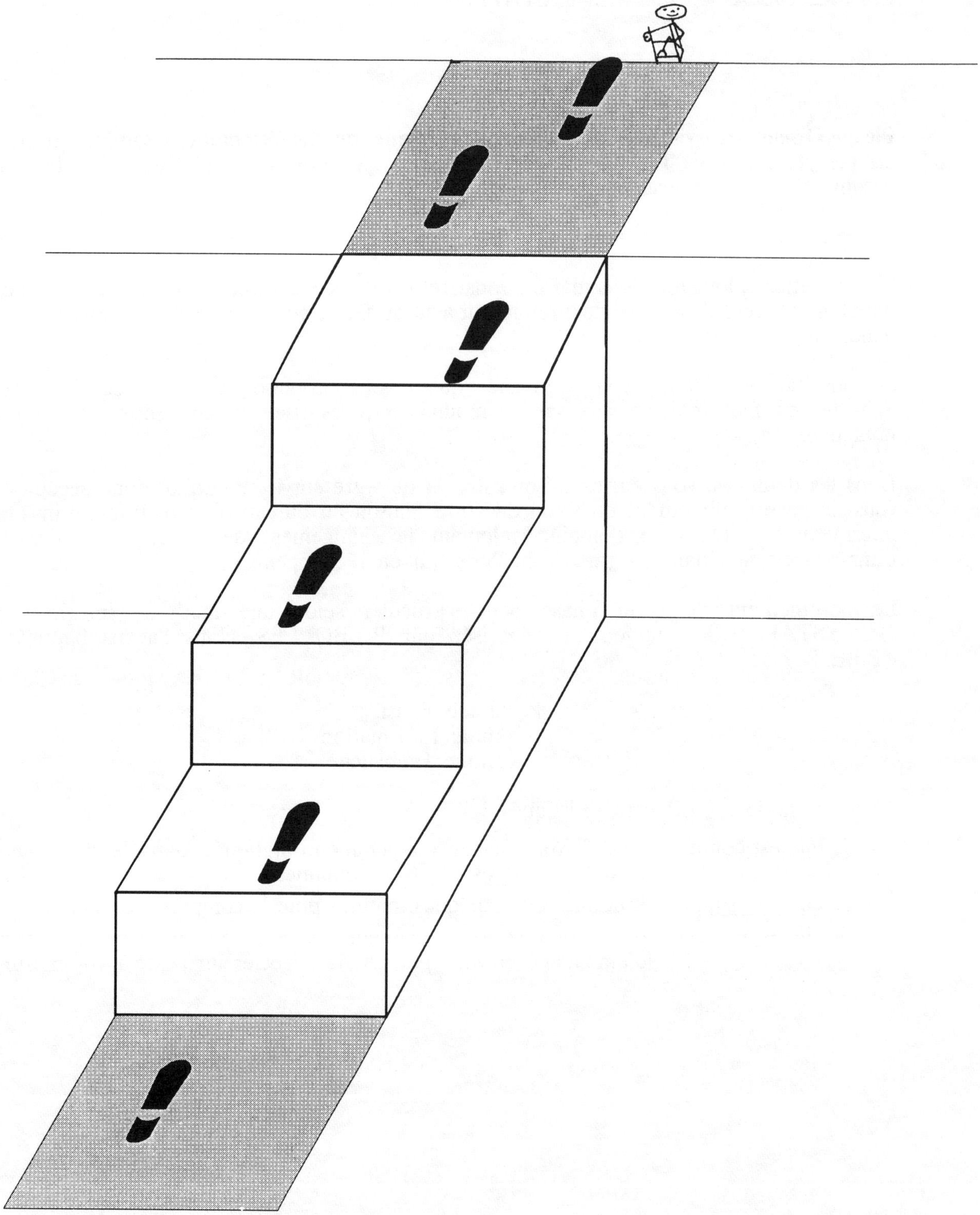

Informez-vous avant d'agir.

CHAPITRE II : L'INFORMATION

LA METHODE P.I.E. : LES QUESTIONS CLES

Le problème avec la vie c'est qu'on ne peut pas répéter à l'avance ! On ne vit qu'une fois.

Les entretiens d'Embauche (phase E de la méthode « P.I.E. ») sont une étape capitale de votre campagne. Contrairement à la vie, vous pouvez parfaitement les répéter plusieurs fois, avant de vous y lancer pour de bon.

Vous avez deux moyens à votre disposition pour vous entraîner. Vous pouvez :

1. postuler pour un emploi qui ne vous intéresse pas et, ainsi, tester votre comportement,
2. utiliser la méthode « P.I.E. »

La méthode « P.I.E. » vous aide à poser des questions au recruteur pour qu'il vous parle spontanément de ses problèmes et des attentes de sa société. La voici présentée à l'envers : le E, puis le P.

* PHASE « E »

Au cours des entretiens d'embauche le rôle du candidat consiste à :

1. savoir demander au recruteur quels sont les problèmes (défits, opportunités...) qu'il aura à résoudre (relever, saisir...) ;
2. pouvoir démontrer que ses talents, sa formation et ses connaissances en font l'homme de la situation.

* PHASE « I »

Pour être à même de poser des questions précises et pertinentes en phrase E il vous faut les connaître à l'avance. La phase I de la « P.I.E. » (I comme information) vous y aidera. Rencontrez trois à cinq personnes qui occupent le type de fonction que vous postulez et demandez-leur :

1. Comment êtes-vous parvenu à ce poste ?
2. Qu'aimez-vous le plus dans votre travail ?
3. Ou'aimez-vous le moins ?
4. Quels sont les problèmes que vous avez à résoudre ?
5. Quels sont les talents, les connaissances ou la formation nécessaires pour les résoudre ?
6. Pouvez-vous me donner le nom de deux ou trois personnes qui ont le même métier que vous et auxquelles je pourrais poser les mêmes questions ?

* PHASE « P »

Pour rendre cette phase I de la méthode « P.I.E. » plus légère, pratiquez la phase P (P comme plaisir) pour vous donner confiance. Allez discuter avec des personnes qui ont les mêmes intérêts ou violons d'Ingres que vous et posez-leur quatre questions :

1. Comment avez-vous choisi ce violon d'Ingres ?
2. Qu'aimez-vous le plus dans cette activité ?
3. Qu'aimez-vous le moins ?
4. Pouvez-vous me donner le nom de deux ou trois personnes qui ont le même violon d'Ingres que vous et auxquelles je pourrais poser les mêmes questions ?

Prenez confiance en vous en pratiquant la phase P (uniquement pour le plaisir) dès que vous êtes face à une personne que vous trouvez sympathique.

Reconnaissez à l'avance votre lieu de rendez-vous.

CHAPITRE II : L'INFORMATION

LE LIEU DU RENDEZ-VOUS

« Rien ne sert de courir... quand on s'est trompé de sens... »

Les lieux choisis pour un entretien sont divers et variés, ils peuvent être :

* <u>non traditionnels</u> : suite ou chambre d' hôtel. (Non, ce n'est pas un piège !)

* <u>traditionnels</u> : bar, restaurant ou cabinet d'un intermédiaire (chasseur de têtes ou cabinet de recrutement) ,

* <u>très traditionnels</u> : salle de conférence, salon, bureau à l'intérieur d'une organisation.

Inutile d'essayer d'interpréter le choix de ce lieu. En général, il se justifie par une bonne raison qui relève plus du bon sens que de la haute stratégie. Si le choix de ce lieu vous laisse perplexe, n'hésitez pas à en parler à votre interlocuteur... à la fin de l'entretien.

Certains vendeurs chevronnés utilisent l'astuce suivante pour être encore plus efficaces lors de leurs visites. La veille de leur rendez-vous, ils vont jeter un coup d'œil sur l'immeuble dans lequel doit avoir lieu la réunion ou l'entretien du lendemain. L'idéal est de le faire à une heure où les employés de l'organisation entrent ou sortent de l'immeuble. Cette façon de « humer l'air » les rassure. Elle leur donne le sentiment, lorsqu'ils s' y rendent le lendemain, d'arriver sur un terrain déjà connu. Cela les sécurise et les aide à être moins tendus, plus sûrs d'eux, donc plus efficaces.

La veille du jour de votre entretien, allez jeter un coup d'œil sur le bâtiment où il doit se dérouler. Vous vous sentirez mieux le lendemain. Vous aurez le sentiment d'y avoir déjà été et vous ne perdrez pas de temps à découvrir le parcours qui y mène.

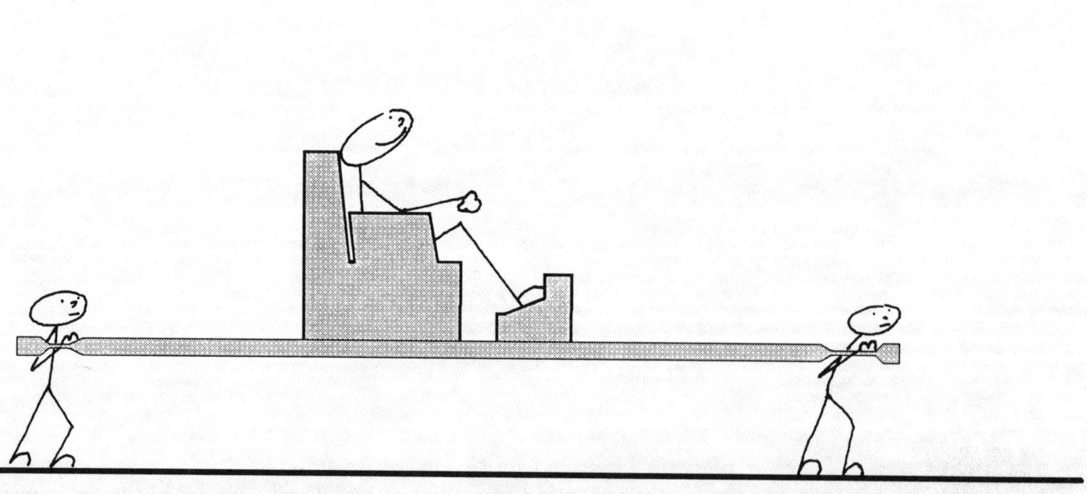

Limitez vos frais... de déplacement.

CHAPITRE II : L'INFORMATION

LES FRAIS DE DEPLACEMENT

Il vaut mieux demander sur quelle base les frais de déplacement inhérents à l'entretien sont remboursés plutôt que de demander... s'ils sont remboursés.

Voici trois conseils qui peuvent réduire des dépenses évitables.

* Conseil n° 1.

Il est possible et envisageable de vous faire rembourser vos frais de déplacement lorsque vous répondez à une annonce « offre d'emploi ». Il n'y a rien de dégradant, ni de pénalisant. Contrairement à ce que disent certains, vous ne réduirez pas vos chances pour l'emploi auquel vous postulez.

* Conseil n° 2.

Il est normal, commun et habituel de se renseigner avant l'entretien (oui, avant) auprès de l'assistant ou du secrétaire de la personne qui doit vous recevoir pour savoir quelle est la politique de l'organisation en ce qui concerne le remboursement des frais de déplacement.

* Conseil n° 3.

Lorsque vous vous renseignez sur les modalités de remboursement des frais de déplacement ne demandez pas :
« Remboursez-vous les frais de déplacement ? »
car cette question appelle soit une réponse positive (« oui, nous les remboursons »), soit une réponse négative (« non, nous ne les remboursons pas »).

Partez de l'hypothèse que votre interlocuteur va vous les rembourser et demandez :
« Sur quelle base remboursez-vous les frais de déplacement : train ou avion ? »
ou encore,
« Comment remboursez-vous les frais de déplacement : sur justificatifs ou sous la forme d'un forfait ? »

Pour vous aider dans la négocation du remboursement de vos frais de déplacement, promettez à votre partenaire, époux(se), enfant(s) de leur offrir un cadeau dont la valeur sera égale à la moitié des frais qui vous seront remboursés.
Ils sauront vous épauler ... pour que vous teniez votre engagement et réussissiez votre négociation.

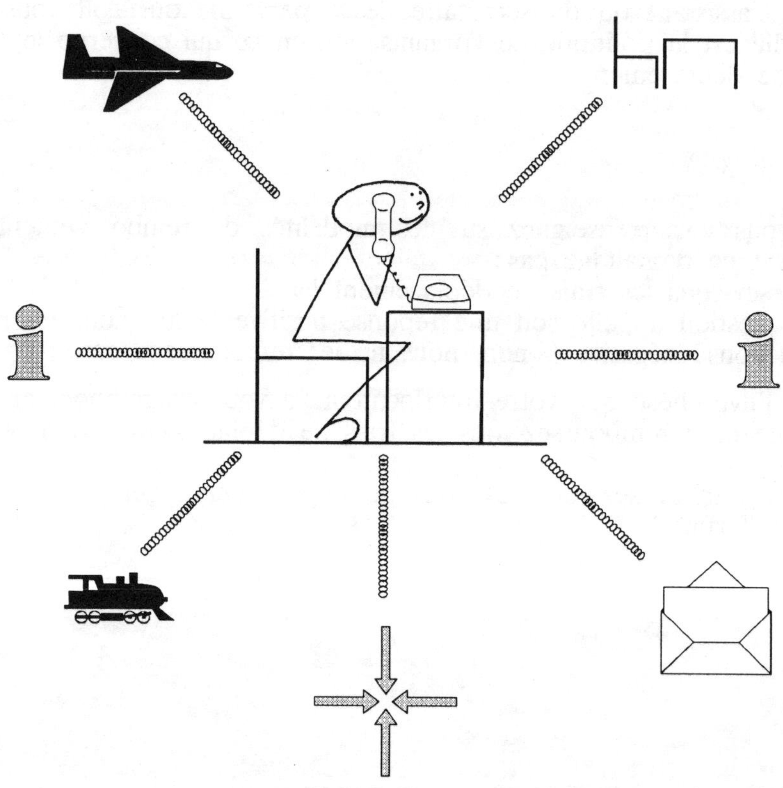

CHAPITRE III : LE TELEPHONE

LES RISQUES ET LES AVANTAGES DU TELEPHONE

« Le téléphone est un moyen radical pour obtenir des rendez-vous ».

(Un candidat)

« Le téléphone est un moyen radical pour éliminer des candidats ».

(Un recruteur)

Il est dangereux de passer un entretien par téléphone.
En ne voyant pas votre interlocuteur, vous mesurez mal la portée de vos réponses et la pertinence de vos questions.

Par contre, rien de tel qu'un téléphone bien utilisé pour vous faufiler dans les méandres d'une organisation, atteindre le bras droit de la personne que vous souhaitez rencontrer (oui, son bras droit et non pas la personne elle-même) et obtenir un rendez-vous.
Le téléphone bien utilisé est un outil idéal pour raccourcir fortement votre délai de recherche.

La bonne stratégie consiste à appeler (pour avoir l'initiative) et non à se faire appeler.
Si vous devez indiquer un numéro de téléphone pour qu'on puisse vous joindre, ne communiquez pas votre numéro personnel. Vous éviterez les mauvaises surprises (le matin sous la douche, le soir après deux apéritifs tassés...).
Utilisez les services d'une permanence téléphonique ou le numéro de la société où travaille un de vos amis qui accepte de prendre les messages pour vous.

N'hésitez pas à vous servir du téléphone pour :

* obtenir un entretien (soit sur le marché caché si l'organisation n'a pas inséré d'annonce dans la presse, soit sur le marché ouvert si elle l'a fait) ;
* repousser la date d'un entretien ;
* relancer un interlocuteur.

Demandez à trois amis les tactiques qu'ils utilisent pour éviter de se faire joindre par téléphone. Puis inspirez-vous en.

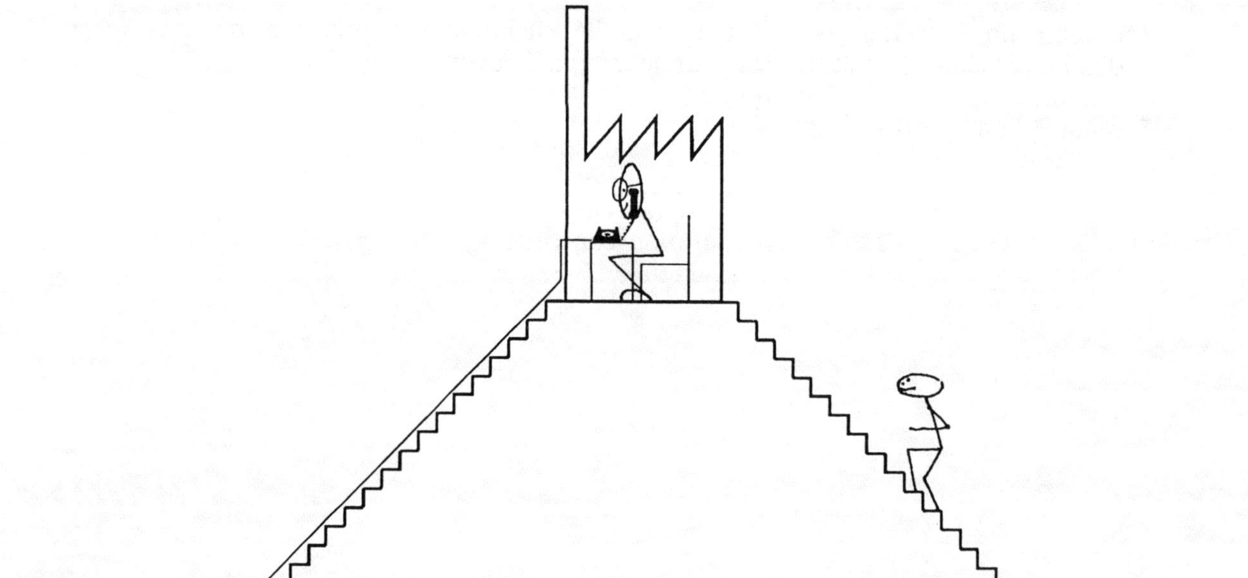

Renseignez-vous par téléphone sur l'entreprise, son secteur et le poste.

CHAPITRE III : LE TELEPHONE

LA TECHNIQUE DE RENSEIGNEMENT PAR TELEPHONE

Théorème : Il suffit souvent de poser les bonnes questions pour avoir les bonnes réponses.

Corollaire : Moins vous poserez de questions, moins vous aurez de réponses.

(Propos recueillis auprès d'un sage)

Le téléphone est un outil simple et efficace. Il est sous-utilisé pour recueillir des informations.

Ne vous transformez ni en Sherlok Holmes, ni en membre de la CIA, du Deuxième Bureau ou du KGB. Ne déguisez pas votre voix au téléphone et ne collez pas un mouchoir sur le récepteur pour la camoufler.

* <u>Si vous recherchez des informations sur une organisation et son secteur</u>

Appelez en toute simplicité l'organisation sur laquelle vous cherchez à obtenir des informations. Posez vos questions au standard. La gêne suscite la méfiance : soyez donc détendu, naturel, clair. Demandez également qu'on vous envoie des documents destinés au grand public (catalogues des produits, rapports annuels . .). Si cela vous embarrasse, une de vos relations peut appeler à votre place.

Pensez aussi à deux autres sources d'informations faciles à exploiter par téléphone :

- la rédaction d'un journal ou d'un magazine relatif au secteur auquel appartient l'organisation qui vous intéresse,
- le chargé d'information du syndicat professionnel de la branche dans laquelle se situe l'organisation que vous visez.

* <u>Si vous recherchez des informations sur le contenu d'un poste</u>

Demandez à une de vos relations de téléphoner à quatre ou cinq personnes occupant un poste semblable à celui pour lequel vous postulez en prétextant une étude, thèse, mémoire.

Ces appels doivent s'effectuer auprès d'organisations situées de préférence hors de votre territoire de recherche. Le but de l'opération consiste à faire préciser les tâches, missions et responsabilités essentielles de la fonction en question.

Mettez-vous au défi de découvrir une information sur une organisation quelconque (qui n'a rien à voir avec celles où vous recherchez un emploi) et questionnez l'un de ses représentants. Vous aurez souvent du mal à l'arrêter de parler.

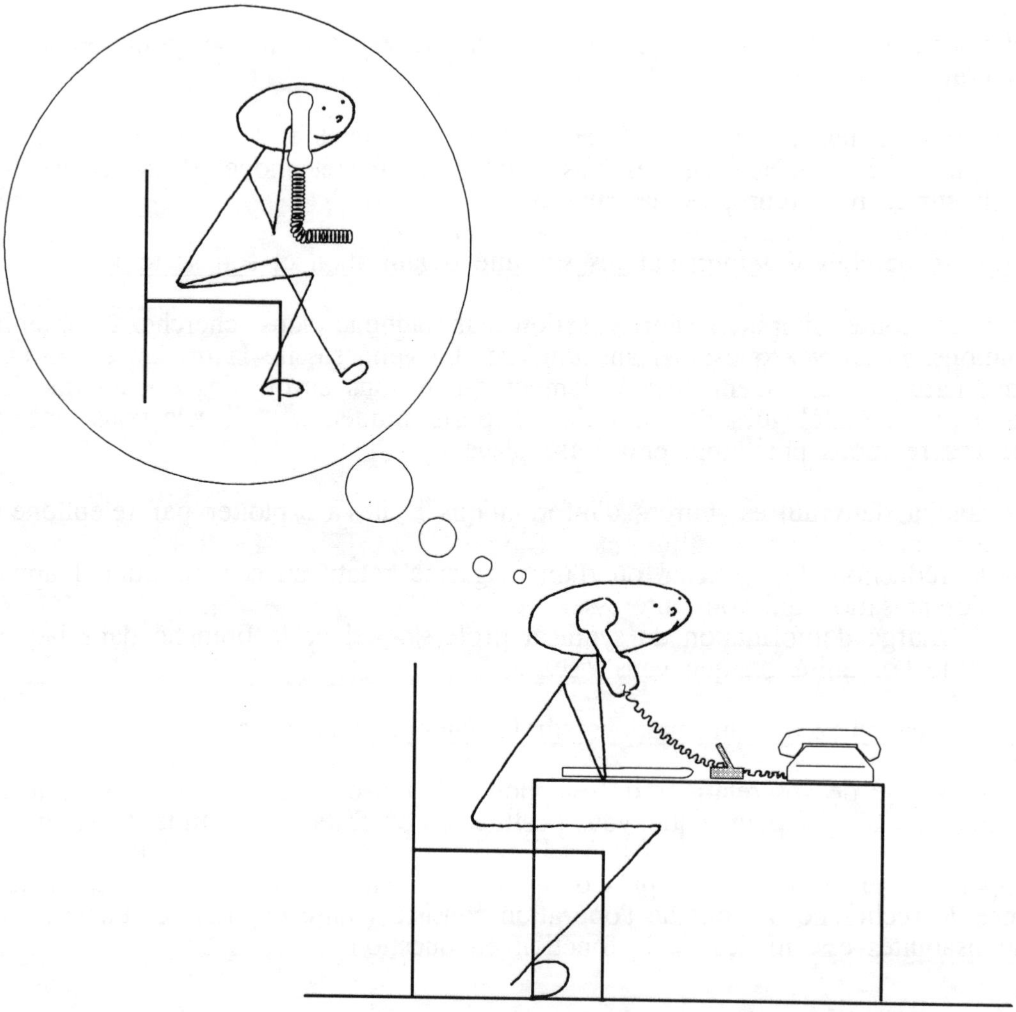

Convenez d'un rendez-vous par coup de fil : c'est si facile !

CHAPITRE III : LE TELEPHONE

LA PRISE DE RENDEZ-VOUS PAR TELEPHONE

Ne vous entretenez jamais au téléphone avec la personne que vous souhaitez rencontrer. Elle pourrait vous éliminer d'emblée.

Parlez plutôt à son assistant ou secrétaire.

Un téléphone bien utilisé est un excellent outil pour obtenir des rendez-vous.

Vous réussirez la plupart de vos appels téléphoniques si vous respectez les 8 règles suivantes :

1. Préparez votre texte par écrit.
2. Parlez calmement, « posez » votre voix (le fait de rentrer votre menton vous y aidera).
3. Présentez-vous chaque fois que vous avez un interlocuteur. Pour cela dites votre nom et épelez-le lentement deux fois de suite. Cela aide à faire tomber les résistances.
4. Ne parlez qu'avec le secrétaire ou l'assistant de la personne que vous souhaitez rencontrer. Evitez le contact direct avec elle, vous risqueriez de passer un entretien par téléphone.
5. Limitez la durée de ce contact au minimum.
6. Soyez prêt à répondre à la question : « C'est à quel sujet ? » Ne répondez en aucun cas « C'est personnel » mais énoncez le texte que vous avez préparé par écrit. S'il est bien fait il n'appelle en principe aucune question et, dans le cas contraire, voyez le point 7 ci-dessous.
7. Si une question embarrassante vous est posée, précisez à votre interlocuteur que vous préférez répondre à ce type de questions durant un entretien qu'il voudra bien vous accorder. Et restez ferme sur vos positions en invoquant le caractère « stratégique » de la réponse que vous risquez d'être amené à donner.
8. Dès que vous avez terminé votre argumentation, offrez une alternative, soit deux dates ou deux moments possibles pour un rendez-vous (début de semaine/fin de semaine, matin/après midi, le mercredi ou le vendredi, le 16 ou le 19...).

Si vous répondez à une annonce offre d'emploi par téléphone, procédez pas étapes.

La première d'entre elles consiste à identifier dans l'annonce qui vous intéresse les N critères qui définissent le candidat idéal (expérience, langues, traits de personnalité...). Pour chacun de ces N critères, préparez un petit texte de trois à cinq lignes démontrant que vous possédez chacun d'eux. Ces petits textes appelés « paragraphes » peuvent être tirés du domaine professionnel ou extra-professionnel. Prenez soin de trouver, pour chacun d'entre eux, une quantification ou « factualisation » c'est-à-dire la preuve tangible qui authentifie le paragraphe en question. Utilisez des termes précis, convaincants, en évitant d'être trop technique.

Rédigez le projet de texte de votre communication téléphonique. Entraînez-vous en appelant deux ou trois amis et en leur demandant avis et conseils. Exercez-vous au jeu de la découverte des critères d'une annonce. Faites-le d'abord pour dix annonces qui ne vous intéressent pas. Vous verrez comme c'est facile. Ensuite, appliquez cette technique aux annonces qui vous intéressent ...

4 00

Soignez chaque détail

CHAPITRE IV : PRESENTATION ET SAVOIR VIVRE

L'ALLURE GENERALE

« Dès que j'ai vu ses ongles et ses chaussures... . ».

(Propos anonymes)

Un recruteur ne dispose habituellement que de vingt à quarante cinq minutes pour décider de cinq à dix ans de votre carrière. Il est donc logique qu'il se raccroche à tous les détails pour prendre sa décision.

Vous pouvez trouver le procédé contestable mais vous n'y changerez rien.

Ces détails concernent vos cheveux, vos mains, vos ongles, vos chaussures, votre tenue, votre allure...

Un recruteur ne peut s'empêcher de penser que si vous êtes négligent avec vos ongles ou vos chaussures, vous le serez nécessairement avec ses factures, la relance de ses clients, le contrôle ou le classement de ses documents importants.

A travers une allure « laisser-aller » il décèlera un manque de rigueur dans la façon de traiter les problèmes, les clients ou les fournisseurs.

Une tenue vestimentaire choquante lui fera douter de la cohérence de votre comportement dans les situations délicates.

Comme un pilote d'avion préparant le décollage, faites votre check-list avant l'entretien : B comme Boutons, C comme Cheveux et Chaussures, H comme Haleine, M comme Mains, O comme Ongles, P comme Pellicules, T comme Taches ...
Ayez toujours sur vous : un coupe-ongles ou une lime ainsi qu'un peigne ou une brosse.

Surveillez votre allure : elle servira à vous juger.

CHAPITRE IV : PRESENTATION ET SAVOIR VIVRE

LA PREMIERE IMPRESSION DONNEE

« 80 % du jugement porté sur un individu pendant les 30 premières secondes reposent sur des éléments visuels ».

(Un spécialiste de la communication)

Les instituts et consultants spécialisés dans le « look » des grands de ce monde soulignent unanimement l'importance de l'aspect visuel.

En effet, pendant les 30 premières secondes le jugement porté sur vous l'est à partir de données visuelles (votre allure, votre aspect, votre habillement) ou auditives (le ton de votre voix).

Votre parfum ou odeur du moment peut également produire un effet sur votre interlocuteur. Evitez les eaux de toilette capiteuses et fortes qui risquent d'incommoder.
Si vous avez tendance à beaucoup transpirer, n'utilisez pas l'eau de Cologne pour couvrir une odeur forte. Employez plutôt des produits déodorants réservés à cet effet, voire des anti-perspirants neutres.

Pensez donc à projeter dès votre arrivée une image de vous qui soit adéquate. Ainsi vous n'aurez pas, au cours de l'entretien, à passer une partie de votre temps à redresser l'image fausse que vous auriez pu involontairement donner.

Demandez à cinq personnes dont vous appréciez le jugement de vous indiquer les éléments visuels qu'elles prennent en compte pour juger une personne qu'elles rencontrent pour la première fois.

Habillez-vous avec sobriété.

CHAPITRE IV : PRESENTATION ET SAVOIR VIVRE

LA FAÇON DE S'HABILLER

« La suprême élégance, c'est de réussir à passer inapercu ».
C'est ce que disent nos voisins britanniques.

D'une manière générale, la correction de la tenue n'exclut pas une certaine élégance. Celle-ci ne veut pas dire obligatoirement « gros moyens » ou « folles dépenses ». Un costume peut être coupé dans un tissu très ordinaire ou avoir fait un long usage mais rester impeccable.

Lorsque vous vous présentez à un entretien, évitez d'être habillé de façon provocante. Ne vous « déguisez » pas. Soyez soigné, mais restez vous-même.

L'idéal consiste à porter des vêtements dans lesquels vous vous sentez à l'aise et qui ne jurent pas avec le style qui est de mise dans le milieu auquel vous souhaitez être intégré !

Vous avez mille et une autres façons que l'habillement pour affirmer votre personnalité et prouver votre identité : votre politesse, votre façon de parler, d'écouter, votre tenue à table...

Si vous hésitez quant au choix des couleurs, sachez que le bleu marine et le gris sont les tons les plus classiques. Ils manquent parfois de brio mais vous mettront en tout cas à l'abri des faux pas.

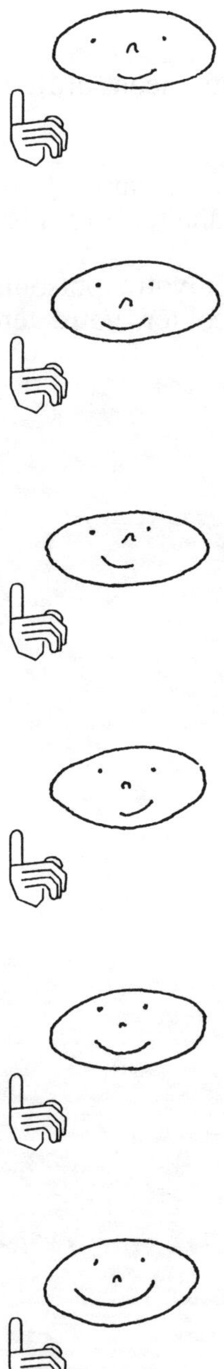

Surveillez votre démarche, concentrez-vous et souriez.

CHAPITRE IV : PRESENTATION ET SAVOIR VIVRE

LA DEMARCHE PHYSIQUE

Les vendeurs professionnels l'appellent la règle des 4 × 20 : les 20 premiers gestes, à 20 cm du visage, les 20 premiers mots, les 20 premières secondes.

Surveillez donc ces « 4 × 20 ».

Certains recruteurs cyniques s'amusent parfois à regarder entrer les candidats en les détaillant avec insistance.

Si vous entrez dans le bureau du recruteur en ayant le sentiment que tout va mal se passer, soyez-en certain : tout se passera mal.

Par contre, si vous entrez en étant convaincu que l'entretien va réussir, vous aurez le moral du vainqueur et pourrez mieux supporter les petits ratés inévitables et classiques que comporte un entretien d'embauche.

Si l'entretien ne débouche pas sur ce que vous espérez, consolez-vous en vous persuadant qu'il en va peut-être mieux ainsi.

La prochaine fois que vous sortez dans la rue, comptez parmi les 20 prochaines personnes que vous allez croiser :

** celles qui ont une démarche détendue et souple ;*
** celles qui ont une démarche contractée et nerveuse.*

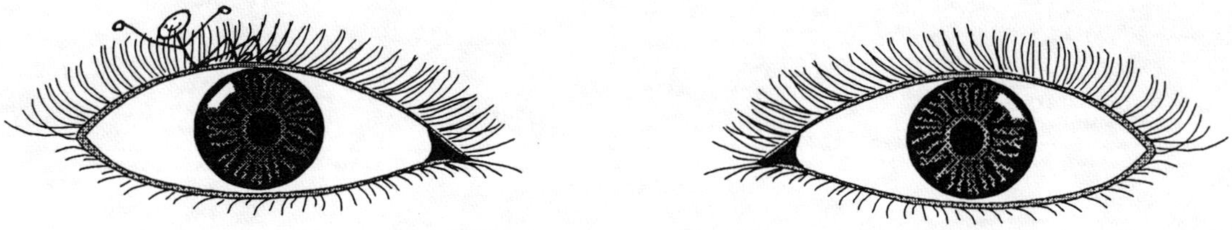

Regardez... pour être vu.

CHAPITRE IV : PRESENTATION ET SAVOIR VIVRE

LE REGARD

« Tu as remarqué son regard fuyant ? Je n'ai pas réussi à l'accrocher. »

Heureusement, cette remarque ne vous concernait pas !

Selon votre personnalité ou votre éducation, vous avez plus ou moins de mal à regarder votre interlocuteur dans les yeux.

Si vos yeux sont souvent baissés ou votre regard trop fuyant, un recruteur risque d'en conclure un manque de franchise et de droiture de votre part.

Par contre, en le fixant de façon trop insistante vous risquez de le gêner.

Sachez trouver le juste milieu.

Si vous êtes de nature très timide, regardez les sourcils de votre interlocuteur ou la partie droite ou gauche de son visage. Il ne s'apercevra pas de ce subterfuge et vous vous sentirez plus à l'aise.

N'en abusez cependant pas...

Asseyez-vous dans un lieu public (café, parc, gare...). Observez dix couples qui conversent. Combien d'entre eux se regardent lorsqu'ils parlent ?

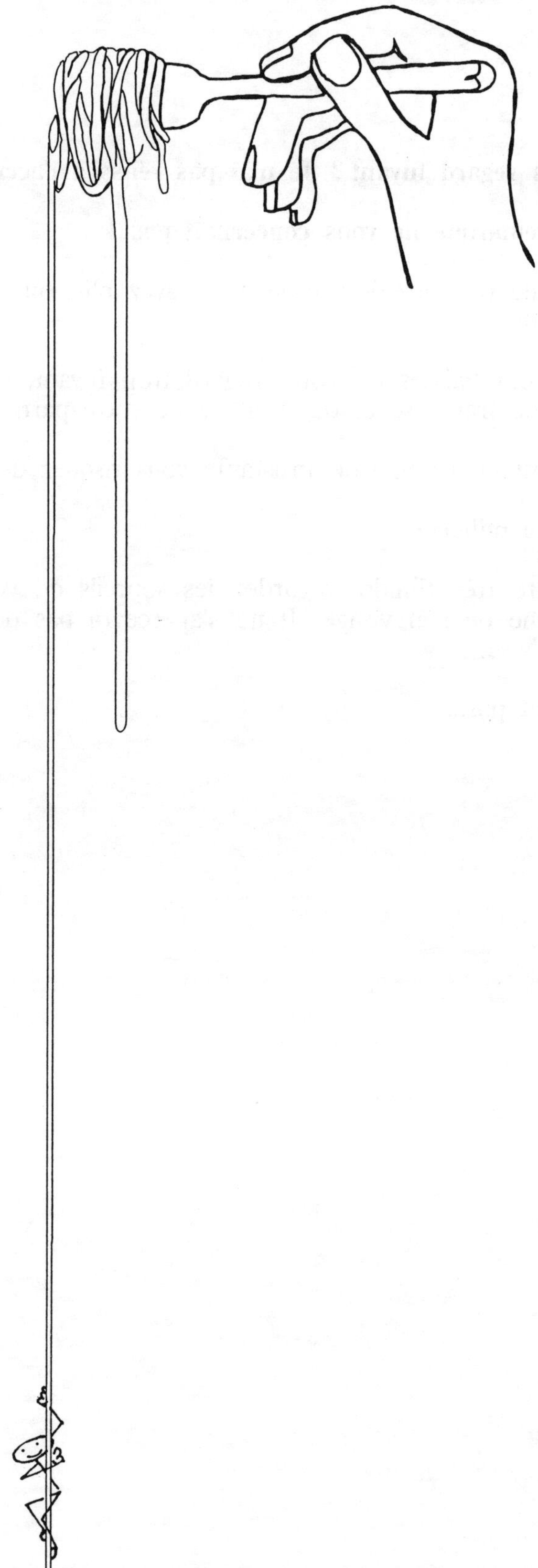

Montrez votre... savoir vivre.

CHAPITRE IV : PRESENTATION ET SAVOIR VIVRE

QUELQUES CONSEILS DE SAVOIR VIVRE

« Que l'on ne s'y trompe pas. De même que la grammaire est peu de chose au regard du style, de même les usages sont peu de chose au regard de la politesse qui les vivifie. »

(Duc de Levis-Mirepoix)

La politesse d'une personne bien élevée traduit dans son comportement, ses gestes et ses propos, son état d'âme et sa manière de sentir.

Voici quelques usages ou coutumes à travers lesquels on peut faire passer son souci constant d'appréciation, de compréhension, d'adaptation aux personnes et aux milieux.

* Quand deux personnes se rencontrent et si elles sont de même sexe, c'est à la personne la moins jeune de prendre l'initiative de tendre la main et d'inviter l'autre à s'asseoir.

  Si ces deux personnes sont de sexe différent, c'est à la femme qu'incombe l'initiative de tendre la main ou de s'asseoir.

* Sachez bien vous asseoir : ni au bord d'une chaise, ni au fond d'un canapé.
  Une posture négligée ou nonchalante risque de faire croire que c'est votre façon d'aborder le monde du travail.

* Serrez correctement la main de votre interlocuteur : évitez les poignées de mains fuyantes et molles. Ne tombez pas dans l'excès inverse, n'écrasez pas la main de votre partenaire.
  Que votre poignée de main soit ferme et sympathique. Pensez à regarder l'autre dans les yeux quand vous le saluez.

* Ne prenez pas l'initiative de fumer. Si votre interlocuteur vous propose une cigarette et si vous êtes fumeur, acceptez-la.

* La ponctualité est une marque de politesse qu'il y a lieu de manifester en se présentant à un rendez-vous à l'heure fixée ou en avertissant en temps voulu et par tous les moyens celui qui vous attend d'un contretemps ou d'un retard éventuel.

Certains recruteurs sont très sensibles au savoir vivre, soyez sur vos gardes. Une gaffe se rattrape difficilement. Passez dessus ou excusez-vous brièvement.

Profitez d'une attente dans une salle où l'on reçoit la clientèle (compagnie d'assurances, banque, agence de voyage, organisme social) et observez l'attitude des personnes lorsqu'elles prennent place devant le réceptionniste. Faites votre profit des observations qui vous marquent le plus.

Souvenez-vous des 3 objectifs du recruteur.

CHAPITRE V : LA STRATEGIE DES RECRUTEURS

LES 3 OBJECTIFS D'UN RECRUTEUR

« Les recruteurs n'ont pas toujours le beau rôle ! »

(Un candidat, ex-recruteur)

Avez-vous jamais songé aux affres et douleurs qui tourmentent un recruteur ?

En tant que candidat, vous avez tendance à vous polariser sur vos propres problèmes et soucis.

La majorité des recruteurs sont des personnes comme vous. Ils n'éprouvent aucun plaisir malsain à cuisiner les candidats.

Ils sont préoccupés par le franchissement de trois étapes délicates.

* Première étape.

Trouver LE candidat qui semble avoir LE profil le plus adapté au poste.

* Deuxième étape.

Vérifier que LE candidat qu'ils choisissent correspond bien au poste à pourvoir (et qu'aucune surprise désagréable ne les attend).

* Troisième étape.

Décider CE candidat à accepter leur proposition.

Eh, oui ! N'oubliez pas qu'un recruteur craint souvent de vous voir filer chez l'un de ses concurrents !

Découpez quatre fiches dans une feuille de papier.

Notez sur chacune de ces quatre fiches une caractéristique qui montre que vous avez le profil pour le poste à pourvoir.

Etayez et illustrez chacune de ces quatre caractéristiques en notant sur chaque fiche les détails que vous allez utiliser pour convaincre votre interlocuteur.

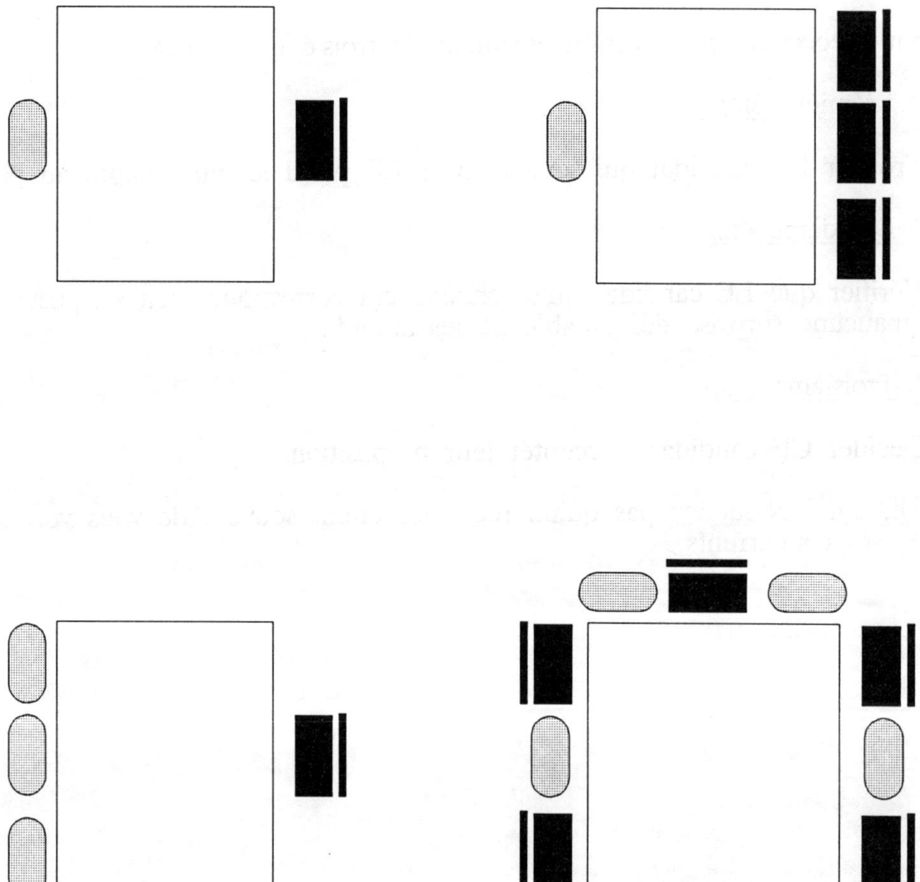

Adaptez-vous à l'une des 4 stratégies du recruteur.

CHAPITRE V : LA STRATEGIE DES RECRUTEURS
LES MISES EN SCENE CLASSIQUES

L'entretien d'embauche peut ressembler :

- **au tennis : un joueur face à un autre joueur,**
- **aux échecs : un champion face à plusieurs « challengers »,**
- **à la cachette : plusieurs enfants face à un seul,**
- **aux élections : plusieurs candidats face à plusieurs votants.**

Il existe quatre variantes quant au nombre possible de recruteurs. Chacune de ces formules a ses avantages et ses inconvénients.

* Première variante : un seul candidat, un seul recruteur.

C'est le cas le plus fréquent.
Un recruteur discute avec vous pendant une ou deux heures. Parfois vous passez successivement d'une personne à une autre personne et ce, pendant deux heures, quatre heures, voire une journée entière. C'est une méthode éprouvante mais efficace aussi bien pour l'organisation que pour vous. Cela donne la possibilité de voir de nombreuses facettes de l'organisation. N'hésitez pas, quand la tension devient trop forte, à aller vous « laver les mains » entre deux entretiens et à prendre dix minutes de détente.

* Deuxième variante : un seul candidat, plusieurs recruteurs.

C'est l'entretien par jury.
Pour l'organisation qui recrute, l'intérêt de la formule est de pouvoir discuter après l'entretien en faisant référence à une seule et unique source d'information. Le but de l'opération n'est pas nécessairement de vous mettre en déséquilibre. Ne vous laissez pas impressionner.
Si le fait d'avoir trois interlocuteurs vous intimide, persuadez-vous que vous avez trois fois une personne et non une fois trois personnes.

* Troisième variante : plusieurs candidats, un seul recruteur.

C'est l'entretien en groupe.
C'est une formule dite « économique » pour l'organisation qui permet au recruteur de ne pas répéter plusieurs fois la même chose. Evitez de poser des questions en premier. Quand vous jugez opportun d'en poser, veillez à ce qu'elles soient pertinentes : c'est là-dessus que vous êtes jugé. Les thèmes discutés sont soit spécifiques (concernent le poste ou le secteur de l'organisation), soit plus généraux.

* Quatrième variante : plusieurs candidats, plusieurs recruteurs.

C'est une autre forme de l'entretien en groupe.
C'est la grand messe. Il s'agit de repérer les deux ou trois meilleurs candidats.
Sachez vous mettre en valeur en ne parlant ni trop ni trop peu, mais surtout en faisant la bonne intervention au bon moment.

Soyez prêt à savoir ce que vous ferez si, à la fin d'un entretien en groupe réunissant plusieurs candidats, on vous pose le problème suivant :
« Supposez que le groupe de candidats ici présent souhaite embarquer sur un navire. Notez sur des bouts de papier : le nom du candidat que vous souhaitez voir comme capitaine, celui que vous voyez bien comme second et enfin celui que vous laissez à quai !... ».

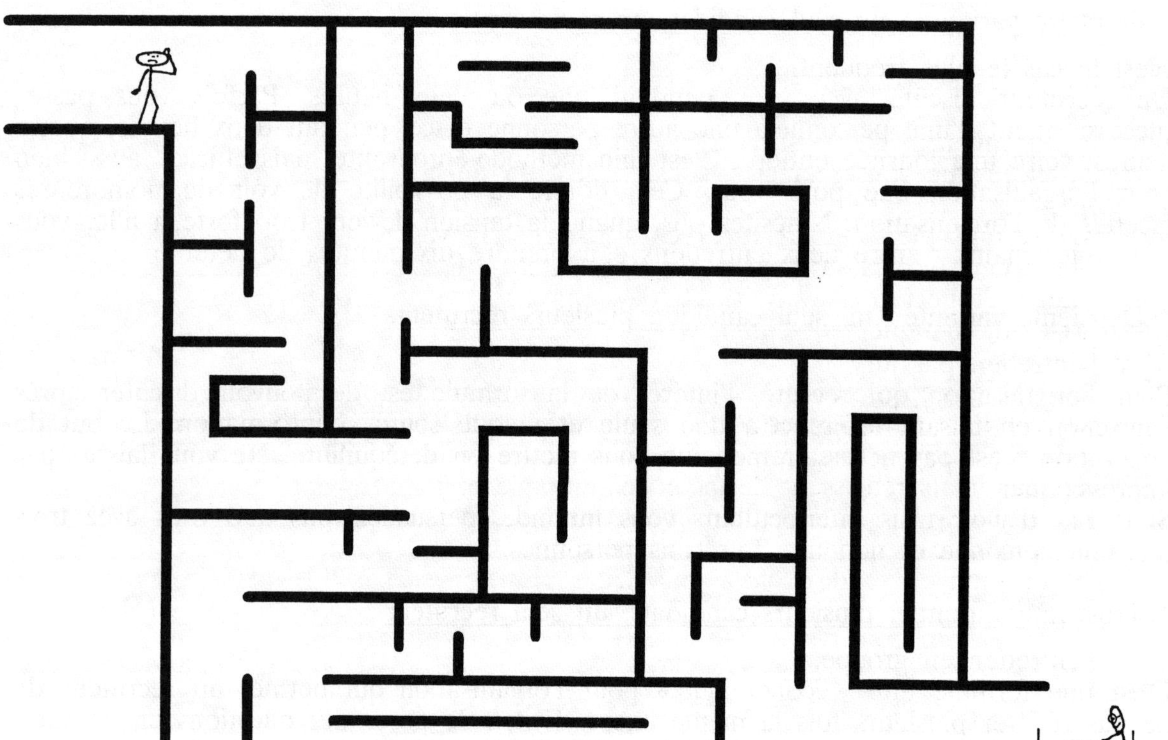

Contournez 3 pièges parfois tendus avant l'entretien.

CHAPITRE V : LA STRATEGIE DES RECRUTEURS

LES 3 PIEGES TENDUS AVANT L'ENTRETIEN

« Lorsque je fais paraître une annonce pour recruter des vendeurs, je ne convoque que les candidats qui me relancent. »

(Un recruteur original)

« Dans les annonces que je faisais paraître pour recruter des vendeurs, je précisais « prétentions de salaire exigées ». Je ne convoquais que les candidats qui n'annonçaient pas leurs prétentions de salaire. Vous savez, un bon vendeur n'annonce jamais le prix avant la fin d'un entretien de vente ».

(Un recruteur dur et rusé)

Plusieurs pièges peuvent être tendus par une organisation avant l'entretien.

* Le premier piège consiste à insérer une annonce, à vous laisser répondre et à attendre que vous relanciez. C'est le test dit de la « ténacité ».

* Le second piège (assez rare) consiste à exiger vos prétentions de salaire avant l'entretien (lorsqu'on recrute un négociateur). Les bons négociateurs n'abordant jamais l'aspect prix avant la fin de l'entretien, tous ceux qui en parlent trop tôt sont automatiquement éliminés.

* Le troisième piège consiste à vous convoquer à une heure « anormale » ou « impossible ». Par exemple très tôt le matin, très tard le soir ou un dimanche. Souvent ceci n'est qu'une tactique destinée à observer votre première réaction. La plupart des candidats réagissent de façon épidermique et tombent dans le piège en faisant remarquer à leur interlocuteur que cette heure n'est pas « normale » ! Mal leur en prend car souvent le recruteur fait, dans un deuxième temps, une autre proposition de rendez-vous à une heure plus convenable.

Questionnez deux commerçants que vous connaissez. Comment testent-ils l'intérêt de leurs prospects lorsqu'ils proposent un produit ou un service ?

5 06

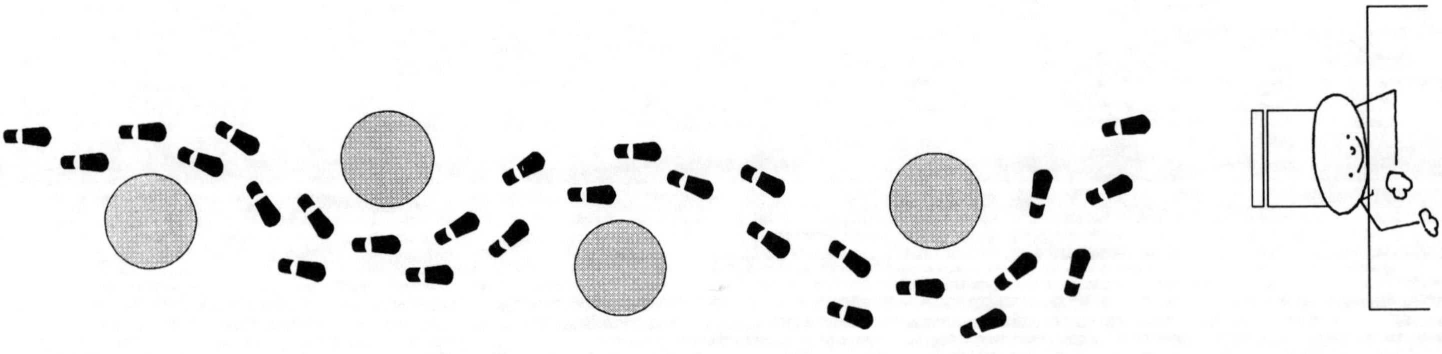

Anticipez 4 pièges classiques en entretien.

CHAPITRE V : LA STRATEGIE DES RECRUTEURS

LES 4 PIEGES CLASSIQUES DURANT L'ENTRETIEN

« Si nous tendions autant de pièges qu'on le prétend, comment pourrions-nous recruter ? »

(Un recruteur)

Si l'on en croit certains, les entretiens d'embauche sont truffés de pièges. La réalité n'est pas aussi sauvage qu'on le prétend.
Voici néanmoins quelques pièges fréquents et souvent éculés.

* Le siège bas.

Le candidat se voit offrir un fauteuil très confortable mais plutôt bas ou une chaise instable alors que le recruteur domine la situation depuis un siège plus élevé. N'hésitez pas à changer de siège si cela est possible. Sinon, prenez du champ en reculant et restez assis en vous tenant bien droit.

* Les deux sièges.

Il y a un siège pour le recruteur d'un côté du bureau et deux sièges différents pour le seul et unique candidat de l'autre côté de la table : c'est-à-dire pour vous. Certains recruteurs interprètent alors votre choix de siège. Si ces sièges sont différents le bon sens veut que vous choisissiez le plus fonctionnel. Prenez de préférence celui qui se trouve sur la gauche du recruteur. Les spécialistes de la communication le recommandent.

* Le silence.

Le recruteur reste silencieux pour vous obliger à parler et à occuper le temps de parole. Sachez prendre la parole puis, sans trop tarder (2 à 3 minutes plus tard), fournissez-lui l'occasion de la reprendre.

* Le téléphone.

Le recruteur se fait appeler par son assistant ou son secrétaire à une heure convenue ou à plusieurs moments définis à l'avance, le signal pouvant aussi être donné par le recruteur lui-même grâce à une sonnette dissimulée sous son bureau. Gardez vos esprits chaque fois que la sonnerie retentit. Pour montrer votre délicatesse, proposez de sortir dès que votre interlocuteur décroche le téléphone. S'il vous fait signe de rester ne profitez pas de son attention apparemment détournée pour vous détendre : vous pourriez vous relâcher et perdre le fil de l'entretien.

Présentez cette liste de pièges autour de vous et découvrez la diversité des réactions face à ces situations.

Soyez cohérent d'un entretien sur l'autre.

CHAPITRE V : LA STRATEGIE DES RECRUTEURS

LES ENTRETIENS « EN CASCADE »

Lundi matin, l'empereur, sa femme et le p'tit prince
Sont venus chez moi pour me serrer la pince
Et comme j'étais parti, le p'tit prince a dit
Puisque c'est ainsi nous reviendrons mardi.

Mardi matin, l'empereur... (Air connu)

Certaines organisations ont pour stratégie de programmer des entretiens en cascades ou en série.

Elles ont pour politique d'utiliser une batterie de cinq entretiens pour toute embauche. Au cours du premier entretien, elles éliminent la moitié des candidats ; au cours du second, elles écartent de nouveau la moitié de ceux qui restent ; au cours du troisième, elles repoussent un ou deux postulants. Elles utilisent enfin les quatrième et cinquième entretiens pour départager les ex-aequo.

D'autres organisations ont comme politique de ne jamais recruter un candidat qui n'ait été vu par 3 de leurs collaborateurs et qui n'ait réuni l'unanimité des voix sur son nom.

Face à cette stratégie, votre leitmotiv doit être : cohérence, cohérence et encore cohérence. Faites en sorte que tout ce que vous dites d'un entretien à l'autre soit cohérent, que tout converge et se recoupe.

Pour vous aider, notez par exemple à la fin de chaque réunion les points clés qui ont été abordés ou que vous avez développés.

Si, dans la même organisation, les entretiens se multiplient au cours d'une même demi-journée et que votre tête commence à tourner, prétextez un besoin naturel et isolez-vous quelques minutes. Une fois seul, prenez quelques notes, récupérez et reconcentrez-vous.

5 10

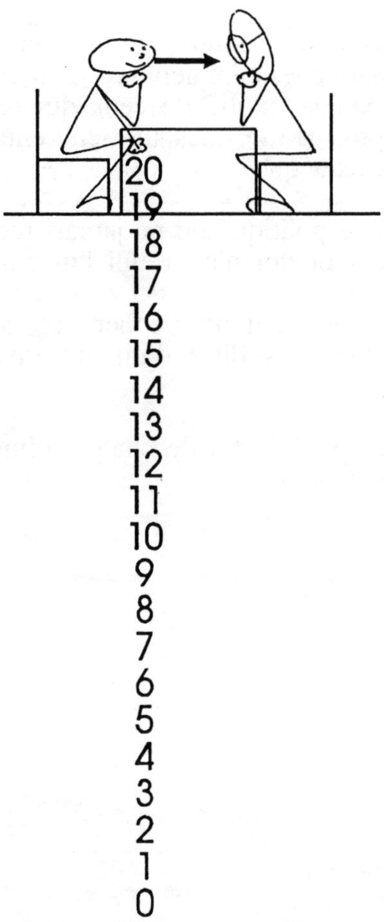

Restez calme et comptez en silence pour mieux vous taire.

CHAPITRE V : LA STRATEGIE DES RECRUTEURS

LA TECHNIQUE DU SILENCE

Le jeune chercheur d'emploi : « Et quand je ne sais plus quoi dire ? »
Le conseiller : « Et bien taisez-vous. »
Le jeune candidat : « Ça marche ? »
Le conseiller : « .... ».

Ceci est un vieux truc utilisé par les négociateurs.

Lorsqu'une question vous embarrasse et que le recruteur laisse volontairement le silence s'installer, vous avez tendance à trop parler. Et, bien évidemment, plus vous parlez, plus vous affaiblissez votre position.

Chaque fois que vous êtes embarrassé et que vous ne souhaitez pas perdre la face ou craquer, regardez le recruteur dans les yeux et comptez sur vos doigts (sous la table). Si vous voulez vraiment tenir longtemps le silence, comptez à rebours en partant par exemple de 50. Cela vous occupera l'esprit et vous permettra de traverser ce désert...

Avant de tourner cette page, fixez un mot de cette feuille et comptez sur vos doigts (sans le montrer) jusqu'à sept.
Ça y-est ?
Vous pouvez tourner la page.

Relancez les recruteurs trop silencieux.

CHAPITRE V : LA STRATEGIE DES RECRUTEURS

LES PIEGES POSSIBLES APRES L'ENTRETIEN

Après un entretien, il arrive que des organisations restent silencieuses. Certains de ces silences sont naturels, d'autres sont calculés. Savez-vous les différencier ?

Il existe très peu de pièges à la suite d'un entretien. Il en est un cependant qui est parfois utilisé par le recruteur : celui de la relance.

Certains recruteurs habiles oublient volontairement de préciser, en fin d'entretien, qui (du candidat ou du recruteur) est censé avoir l'initiative du prochain contact. Les candidats maladroits ou négligents oublient de le demander. Les deux partenaires se séparent sans avoir rien fixé.

Ces recruteurs en profitent pour laisser la balle dans le camp des candidats et font le « mort ».

C'est à vous de recontacter l'organisation. Prenez l'initiative mais attendez un certain délai. Cela montre que vous gérez bien votre campagne, que vous avez de l'initiative et que le poste vous intéresse.

Si donc vous avez oublié de « verrouiller » votre entretien, n'hésitez pas à recontacter le secrétaire ou l'assistant de votre interlocuteur deux à quatre jours après l'entretien. Demandez ce qu'il en est. Précisez le cas échéant votre intérêt pour le poste en citant les deux ou trois raisons qui vous attirent vers cette organisation.

Immédiatement après l'entretien, notez le texte que vous allez utiliser (par lettre ou par téléphone) pour relancer votre interlocuteur s'il ne se manifeste pas.

6 00

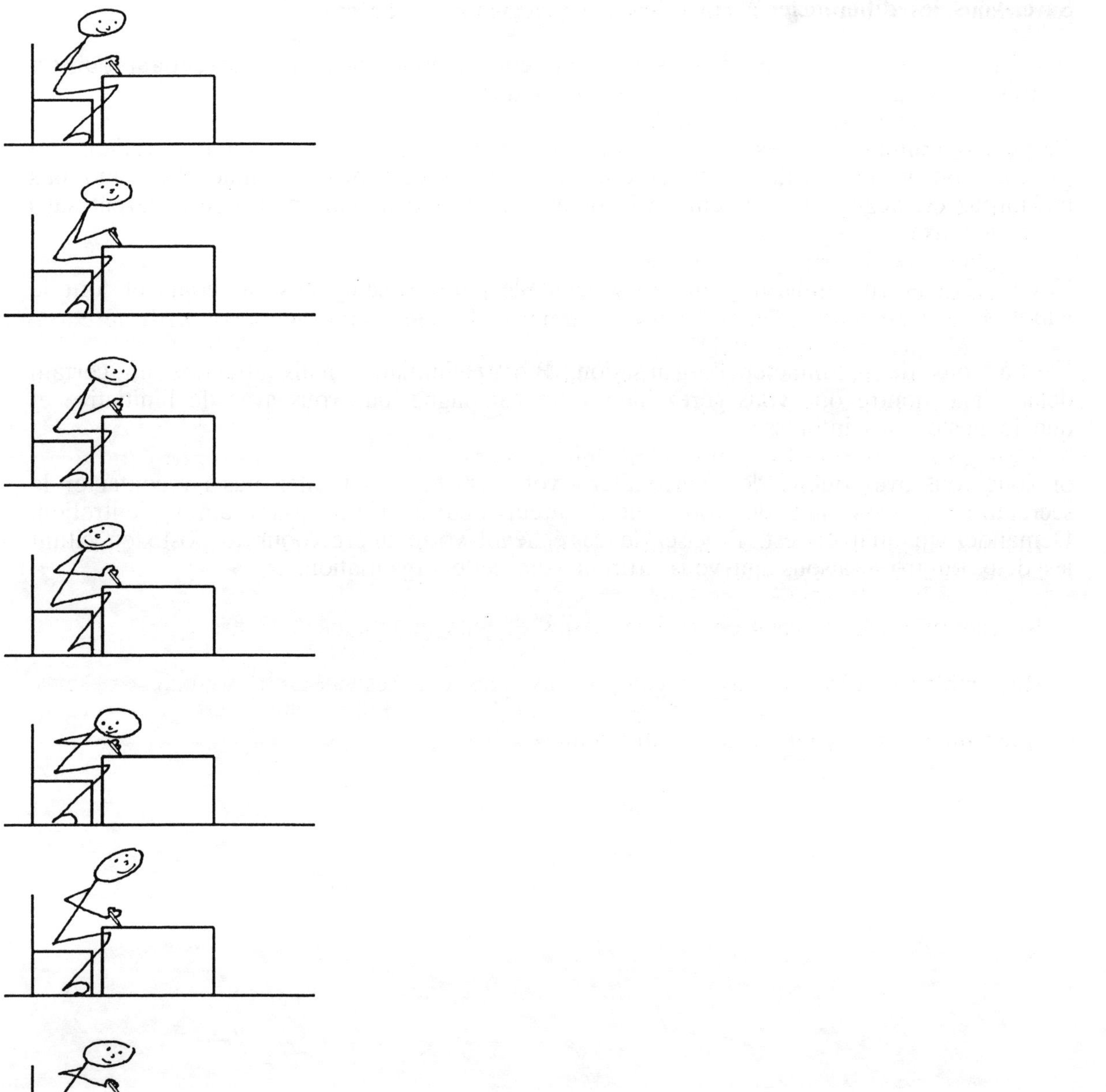

Préparez avec soin votre entretien.

CHAPITRE VI : LA STRATEGIE DU CANDIDAT AVANT L'ENTRETIEN

LA PREPARATION DE L'ENTRETIEN

Si les gens partaient en voyage comme ils se rendent en entretien d'embauche, nous passerions notre temps à effectuer des rapatriements sanitaires.

(Un agent de voyage expérimenté)

Avant de vous rendre à un entretien, prenez rendez-vous avec vous-même pour les 6 derniers préparatifs.

1. Munissez-vous :

   * d'un bloc-notes ;
   * de la correspondance échangée avec votre interlocuteur ;
   * de la liste renseignée (adresses et numéros de téléphone) des personnes/références que vous souhaitez citer ;
   * de tout type de document susceptible d'étayer votre argumentation (catalogues, photos, articles ou livres).

2. N'emportez surtout pas votre curriculum vitae si vous ne l'avez pas envoyé et si on ne vous l'a pas demandé.

3. Etudiez une dernière fois les informations que vous avez rassemblées sur : le poste, l'organisation et votre interlocuteur.

4. Révisez et remettez-vous en tête les dates et faits marquants de votre carrière.

5. Rassemblez et répétez-vous les cinq ou dix questions-clés que vous souhaitez poser.

6. Jetez un dernier coup d'œil à votre tenue.

Recherchez parmi vos amis une personne qui utilise beaucoup les « check-lists ». Demandez-lui de vous aider à établir la vôtre.

Augmentez vos chances par des simulations.

CHAPITRE VI : LA STRATEGIE DU CANDIDAT AVANT L'ENTRETIEN

L'ENTRAINEMENT PAR LA SIMULATION

« C'est toujours la même chose. Chaque fois que le job ne m'intéresse pas vraiment, on me propose de m'engager... et en plus, à un salaire intéressant ! »

Les grands sportifs s'entraînent avant une compétition, les artistes répètent avant une représentation, les bons élèves révisent avant un examen.
A tort les demandeurs d'emploi ne répètent pas, ne s'échauffent pas, ne s'entraînent pas. Par contre, les offreurs de service le font !

A l'aide d'amis ou de relations réalisez trois à cinq simulations d'entretiens d'embauche. Jouez le rôle du candidat et votre partenaire celui du recruteur. Vous éliminerez ainsi 80 % des erreurs classiques que vous commettez en entretien et dont vous ne vous rendez pas compte. Ces trois à cinq simulations prennent habituellement entre quatre et cinq heures (entretiens et commentaires confondus). Elles ne vous transforment pas en professionnel de l'entretien d'embauche mais vous évitent de faire partie du lot des candidats facilement éliminés. Cet entraînement vous permet, en outre, d'être beaucoup plus performant lors de la négociation de salaire. Il peut vous faire décrocher 20 à 30 % de salaire en plus !

Au cours de votre campagne, n'hésitez pas à répondre à des annonces « offre d'emploi » qui ne correspondent pas exactement à ce que vous recherchez. Si vous êtes convoqué cela vous permet de vous entraîner. Poussez la négociation jusqu'à obtenir une proposition ferme d'embauche ; ceci peut vous stimuler pour vos autres démarches. N'abordez que plus tard les entretiens pour des postes auxquels vous tenez beaucoup.

C'est uniquement en passant des entretiens que vous pouvez découvrir, analyser et utiliser à votre avantage une méthode et des techniques. A moins d'être un vendeur né, vous sortirez de vos deux ou trois premiers entretiens en ayant le sentiment de n'avoir pas fait aussi bien que vous l'auriez souhaité. Cela n'est pas grave ; au contraire, cela prouve que vous avez l'intelligence et la connaissance de vos points faibles. Dès le quatrième entretien, vous saurez identifier les techniques utilisées par votre partenaire, prévoir ses questions ou contre-questions et sentir son cheminement. Cela vous permettra non seulement de savoir à tout moment où vous en êtes, mais encore de placer vos interventions aux meilleurs endroits.

Répétez ! Répétez ! Répétez !

Posez à deux cinéphiles les trois questions suivantes :

1. *Quel sont vos deux actrices et acteurs préférés ?*
2. *Sont-ils naturels ?*
3. *Répètent-ils ?*

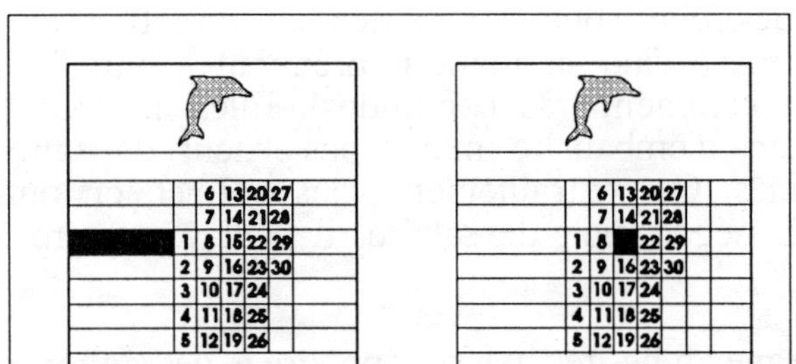

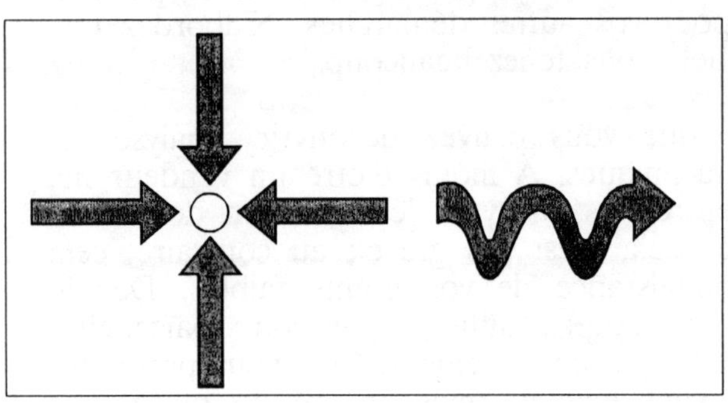

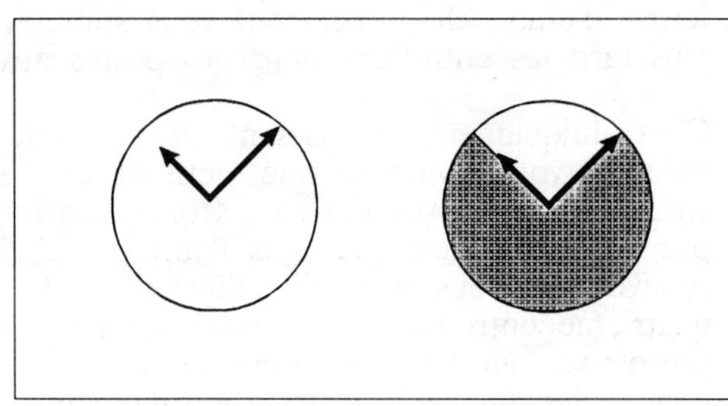

Faites préciser 8 points clés avant l'entretien.

CHAPITRE VI : LA STRATEGIE DU CANDIDAT AVANT L'ENTRETIEN

LES 8 POINTS CLES A VOUS FAIRE PRECISER

« Mais... je croyais que l'adresse était simple à trouver. Mais... je croyais qu'il n'y en avait que pour trente minutes. Mais... je croyais... ».

Ne croyez jamais rien : vérifiez !

* Date et jour de l'entretien.

Si on vous demande de fixer le jour et l'heure de votre entretien, choisissez le jour et le moment où votre recruteur risque d'être le moins dérangé. Pour éviter tout contretemps fâcheux, associez toujours le jour et la date : « lundi 27 » et non « le 27 ».

* Adresse et accès de l'entretien.

L'entretien se déroule, en règle générale, au sein de l'organisation qui recherche un candidat. Les entretiens préliminaires ont parfois lieu dans un cabinet de recrutement. Exceptionnellement, l'entretien se déroule dans un restaurant, une chambre, une suite ou le salon d'un hôtel.
Attention ! Pour éviter toute erreur faites préciser si l'entretien a lieu dans une filiale ou au siège, dans l'unité de production ou au bureau de vente...
Faites-vous aussi expliquer la façon d'accéder à la zone où est implantée l'organisation. Demandez, par exemple, que l'on vous adresse un plan d'accès.

* Heure et durée de l'entretien.

Elles sont en général précisées. Si ce n'est pas le cas, demandez-les afin de mieux organiser votre journée. Insistez pour connaître la durée approximative de l'entretien : 1/2 heure, 2 heures, 1 jour... C'est une façon de montrer que vous savez gérer votre temps et que vous êtes sollicité... (cela fait monter les enchères).

* Nom(s) et titre(s) du (des) recruteur(s)

Il est très utile de le(s) connaître. Cela vous aidera à vous renseigner sur lui (eux).

Créez une fiche « préparation de rendez-vous » sur laquelle vous notez les thèmes des informations-clés que vous devez posséder avant l'entretien. Prévoyez des cases ou des lignes pour vos réponses. Photocopiez cette fiche et remplissez-la avant chaque rendez-vous.

Décontractez-vous avant l'entretien.

CHAPITRE VI : LA STRATEGIE DU CANDIDAT AVANT L'ENTRETIEN

LE TRAC ET COMMENT VOUS DETENDRE

Trac : « Peur ou angoisse irraisonnée que l'on ressent avant d'affronter le public, de subir une épreuve, d'exécuter une résolution, et que l'action dissipe généralement ».

(Petit Robert)

Si avant de vous rendre à un entretien vos paumes sont humides, votre front est perlé d'une « légère rosée », votre coeur bat un peu plus vite que d'habitude, votre vue et votre ouie vous semblent modifiées, votre pas s'accélère et votre corps change de densité.... si vous éprouvez ou ressentez tout cela, alors dites-vous... que vous êtes absolument normal.

Tous les grands acteurs de théâtre ou de cinéma, les chanteurs célèbres et les hommes politiques en vue le disent : il n'est point de bonne performance sans trac. C'est une condition nécessaire à l'épanouissement, au dépassement et à la réussite.

Point trop n'en faut, bien sûr. Un trac trop important devient paralysant. Quel remède conseiller ?
Aux petits maux, petits remèdes.

N'utilisez ni drogues, ni médicaments qui risquent de réduire votre temps de réaction face aux événements. Par contre, affinez votre forme tant physique que mentale. Pratiquez la marche à pied, la natation ou tout autre exercice non violent. Allez voir un bon film, lisez, rencontrez de vieux copains.
Rendez visite ou téléphonez à vos parents ou amis fidèles, à ceux qui savent toujours trouver le mot réconfortant et la parole rassurante dans ces périodes intenses et tendues.

La priorité : changez-vous les idées, décontractez-vous et surtout, apprenez à respirer.

Le trac se manifeste toujours de façon inattendue. Demandez à trois personnes (qui ne vous intimident pas !), si elles ont le trac et comment il se manifeste.

Soyez naturel... ayez le trac.

CHAPITRE VI : LA STRATEGIE DU CANDIDAT AVANT L'ENTRETIEN
LA FACON DE RESTER NATUREL

Le jeune acteur : « Moi, je n'ai jamais le trac quand je monte sur scène ! »
Sarah Bernhardt : « Vous verrez jeune homme ... quand vous aurez du talent ! »

La réaction classique consiste à dire : « Je ne veux pas me préparer à l'entretien car je risque de ne plus être naturel ».

Bien au contraire, c'est en vous préparant à l'extrême que vous pouvez être naturel.

Un des plus grands acteurs de tous les temps (Louis Jouvet) disait : « Comme il faut travailler pour être naturel ! »

Il est possible de distinguer trois niveaux de préparation d'un entretien :

* l'absence totale de préparation : vous êtes certainement naturel... mais probablement très mauvais. Vous vous sentez souvent en déséquilibre et passez la plus grande partie de votre temps à chercher les réponses aux questions qui vous sont posées.

* la mauvaise préparation : vous n'êtes pas surpris par les questions mais vos réponses sonnent faux, comme celles d'un mauvais acteur qui maîtrise mal son rôle, n'en a pas compris le sens et connaît mal son texte.

* la bonne préparation : c'est celle qui vous permet de garder votre sang froid. Vous n'êtes pas facilement mis en déséquilibre et surtout... vous êtes suffisamment libre pour pouvoir poser des questions. Vous êtes jugé beaucoup plus sur les questions que vous posez que sur les réponses que vous donnez !

Choisissez une personne parmi vos relations.

Dans un premier temps demandez-lui de lire un poème ou une fable qu'il ne connaît pas.

Dans un deuxième temps demandez-lui de réciter un poème ou une fable dont il se souvient.

N'est-il pas plus naturel quand il récite.

Soyez le dernier candidat à être reçu.

CHAPITRE VI : LA STRATEGIE DU CANDIDAT AVANT L'ENTRETIEN

L'IMPORTANCE DU RANG EN ENTRETIEN

Les premiers à être reçus en entretien sont certainement moins chanceux que ceux qui le sont en dernier.

Pourquoi ? Lisez ce qui suit !

Lorsqu'une organisation reçoit plusieurs candidats à un emploi, ceux qui sont reçus en dernier ont plus de chances d'être embauchés ! La société HALF a fait une étude auprès de 15 000 personnes et l'a prouvé.
Sur 100 personnes recrutées, les premiers à être reçus sont embauchés dans 18 % des cas, alors que les derniers à être reçus le sont dans 56 % des cas !

Quatre raisons expliquent cet état de fait.

1) Les premiers candidats servent de révélateurs. Ils aident consciemment ou inconsciemment le recruteur à mieux cerner et préciser le problème auquel il a à faire face.
2) L'image du dernier candidat est toujours plus fraîche et plus présente à l'esprit de celui qui recrute au moment de sa décision.
3) L'ordre de passage des candidats face au décisionnaire final est parfois organisé par un intermédiaire (cabinet de recrutement, chef du personnel...) qui le fait de façon stratégique.
4) Le recruteur très exigeant au début de sa sélection, baisse la barre face aux réalités du marché...

Par conséquent, arrangez-vous pour être parmi les derniers à être reçus. Pour ce faire, ne répondez pas immédiatement à l'annonce qui vous intéresse. D'autre part, si un rendez-vous a déjà été fixé, essayez de le reporter et pour cela prenez contact avec l'assistant ou secrétaire de la personne que vous devez rencontrer. En le questionnant habilement, vous pouvez savoir jusqu'à quelle date le recruteur a planifié de recevoir ses candidats. Choisissez alors un rendez-vous vers la fin de cette période. Mais attention : ne vous laissez pas interviewer par téléphone !

Il y a bien sûr un risque à cette méthode ! Il ne faut pas repousser son rang de passage en entretien derrière celui du candidat miracle qui risque d'être recruté juste avant vous !

En dehors des vols interplanétaires, des vaccins et des entretiens d'embauche pouvez-vous citer cinq domaines où il est préférable de ne pas être le premier.

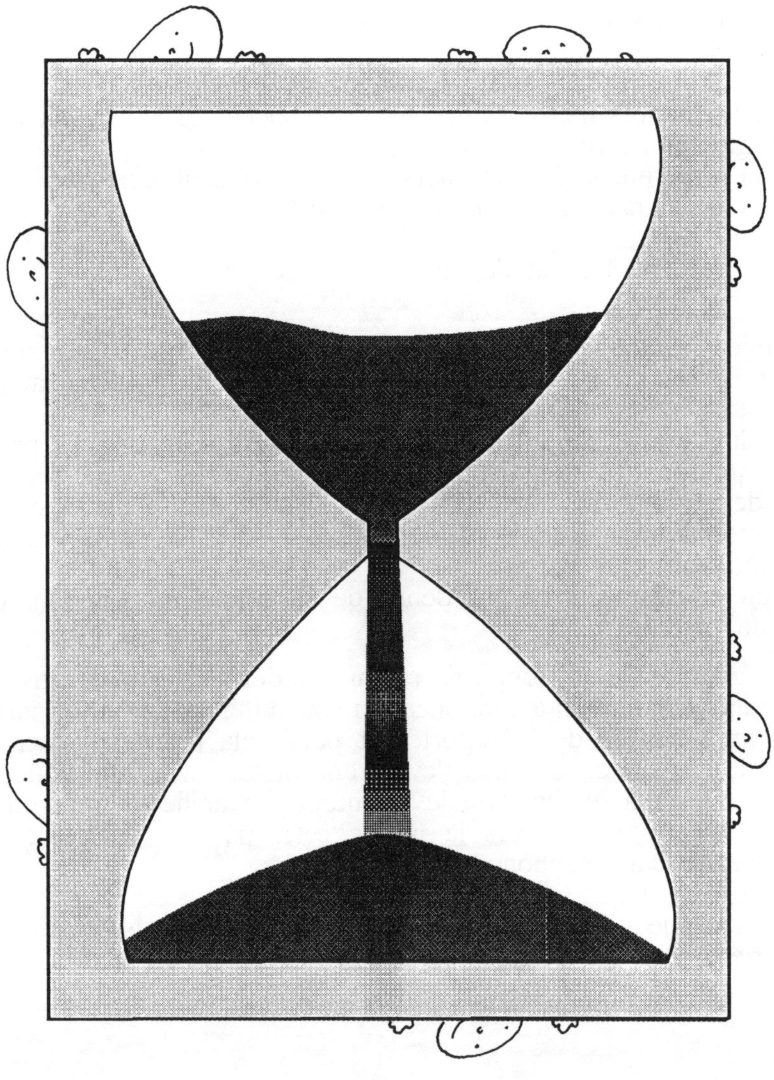

Tirez parti des dernières minutes avant l'entretien.

CHAPITRE VI : LA STRATEGIE DU CANDIDAT AVANT L'ENTRETIEN

LES DERNIERES MINUTES AVANT L'ENTRETIEN

Lui : « Les dernières minutes m'ont paru un siècle ! »
Elle : « Ah oui ? Et qu'en avez-vous fait ? »
Lui : « ??? ».

Idéalement, arrivez une dizaine de minutes avant l'heure.

Evitez d'arriver une demi-heure avant l'heure fixée. Un secrétaire mal formé risque de vous faire introduire immédiatement auprès de votre interlocuteur ce qui peut perturber son emploi du temps et le rendre alors intellectuellement moins disponible.

Si vous vous présentez 10 à 20 minutes avant l'heure prévue, précisez immédiatement à la réception que vous êtes en avance, que votre rendez-vous n'est qu'à « 11 heures » et que vous souhaitez vous laver les mains. Les toilettes sont toujours un excellent « micro-baromètre » d'une organisation comme le sont également les bruits de couloir, les tableaux d'affichage et l'air ambiant.

Profitez de ces quelques minutes pour vous entretenir avec l'huissier ; il est l'une des meilleures sources d'informations sur l'organisation.

Pendant les dernières minutes avant l'entretien ne rêvassez pas. Ne restez pas inactif.

Lisez les magazines de la salle d'attente ou travaillez sur l'un de vos dossiers.

Vous risquez d'être observé. Tout est bon pour vous juger !

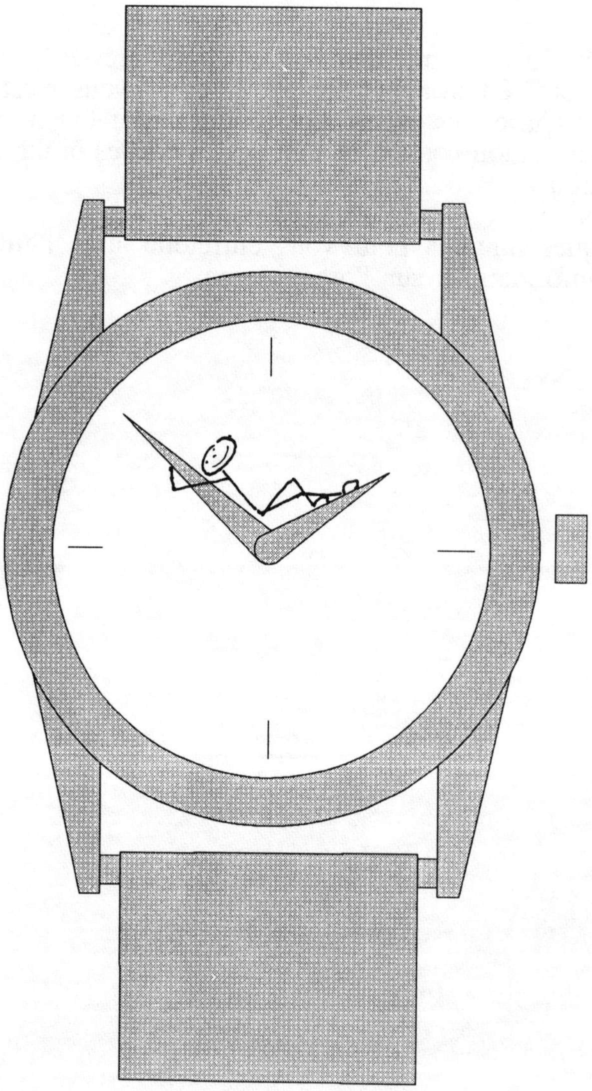

Réduisez les risques d'un retard.

CHAPITRE VI : LA STRATEGIE DU CANDIDAT AVANT L'ENTRETIEN
LE RETARD

Mieux vaut quinze minutes de retard annoncées, que quatre minutes de retard non annoncées.

Le fait de vous précipiter et d'arriver en retard risque d'avoir trois conséquences qui peuvent être pénalisantes.

* 1re conséquence.

  Vous risquez de transpirer. Prenez soin d'essuyer vos mains, votre visage. Si vous êtes une femme portez une veste de tailleur (plutôt qu'une blouse) et pour un homme un costume. Tailleur et costume peuvent être utiles pour cacher une transpiration abondante.

* 2e conséquence.

  Vous risquez d'avoir le souffle court. Dès que vous arrivez, sous prétexte de vous laver les mains, isolez-vous quelques minutes au cabinet de toilette pour récupérer.

* 3e conséquence.

  Vous risquez de perdre votre concentration. Le fait de vous asseoir trois à cinq minutes dans un cabinet de toilette vous permet de vous reconcentrer.

Si vous vous rendez compte que vous allez avoir cinq minutes de retard, prenez le temps de téléphoner au secrétaire ou à l'assistant de la personne qui doit vous recevoir et annoncez-lui ce contretemps.

Ayez toujours deux choses sur vous en période de rendez-vous :

– *une fiche portant les noms, adresses et numéros de téléphone de vos rendez-vous de la journée ;*
– *de la monnaie ou des cartes magnétiques pour téléphone public.*

Sachez attendre sans perdre la face.

CHAPITRE VI : LA STRATEGIE DU CANDIDAT AVANT L'ENTRETIEN

L'ATTENTE

« Un nouveau-né met neuf mois à trouver sa voie. Prenez le temps de trouver la vôtre ».

(Un gynécologue avisé)

Avant de vous rendre à un entretien, ayez soin de vous faire préciser l'heure et la durée du rendez-vous.

Lorsque vous vous présentez, il est possible que votre interlocuteur soit occupé et ne puisse vous recevoir immédiatement. La technique que vous pouvez pratiquer est celle des deux délais d'attente.

* Premier délai d'attente

Une attente classique et acceptable varie entre cinq et quinze minutes. C'est le « premier » délai d'attente. Passé ce délai, si vous n'avez reçu aucun signe du secrétaire de la personne que vous devez rencontrer, allez le voir. Demandez-lui si l'heure convenue était la bonne. Dans la plupart des cas, il vous le confirmera et vous donnera un nouveau délai d'attente. Ceci constituera votre « second » délai d'attente.

* Second délai d'attente

Il est généralement compris entre dix à vingt minutes.
A la fin de ce « second » délai d'attente vous êtes en droit de retourner vers le secrétaire. Prétextez alors un autre rendez-vous auquel vous risquez d'arriver en retard. Soyez ferme, mais aimable et calme. Profitez-en pour obtenir un entretien de remplacement.

Dans certains cas, la personne avec laquelle vous avez rendez-vous viendra elle-même vous demander de l'excuser pour ce retard dû à un contretemps de dernière minute. Peut-être vous offrira-t-elle même une boisson, une ligne téléphonique, voire un bureau. Face à une telle situation, dites-lui que cet imprévu n'est pas grave, car vous n'aviez aucun engagement majeur ce matin-là.

Certains candidats, négociateurs habiles, qui souhaitent maîtriser fermement le temps, utilisent la technique du « rendez-vous suivant ». Ils programment systématiquement un autre rendez-vous à la suite de celui qu'ils ont déjà. Ceci les oblige à plus de rigueur quant au respect des délais.

N'arrivez jamais les mains vides à un entretien. Ayez toujours avec vous un bloc de papier, des dossiers et des revues professionnelles. Ceci vous permettra d'occuper « professionnellement et sérieusement » votre délai d'attente.
Si, pendant une attente, vous ne pouvez vraiment pas vous concentrer, posez vos yeux sur la photo d'un magazine et écoutez les bruits ambiants. Apprenez à les reconnaître et classez-les en 4 familles : très bas, bas, élevé, très élevé.

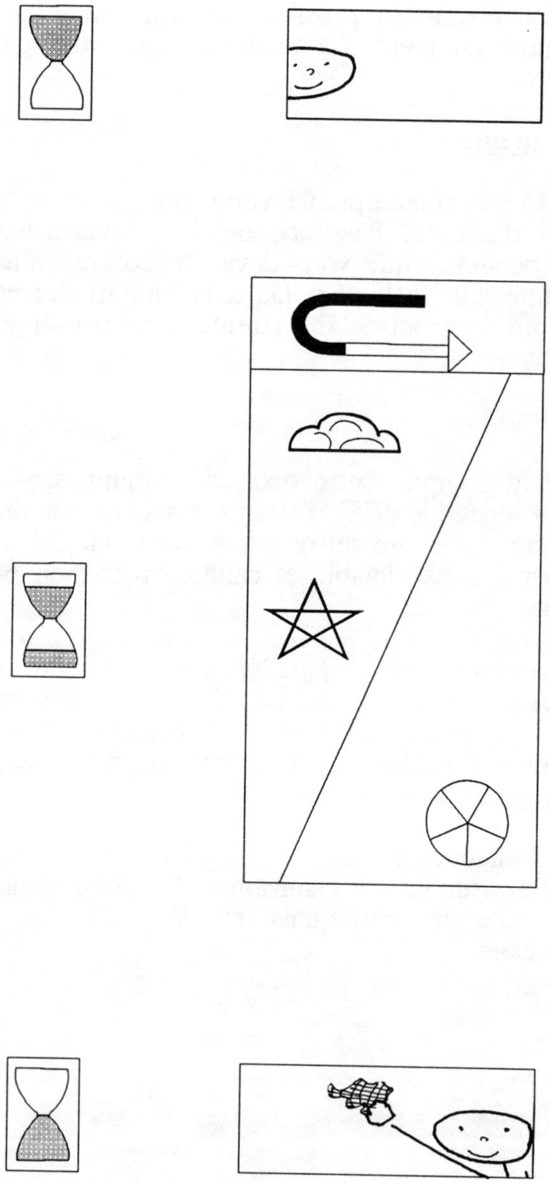

Construisez votre entretien en 3 parties.

CHAPITRE VI : LA STRATEGIE DU CANDIDAT PENDANT L'ENTRETIEN

LES 3 PARTIES D'UN ENTRETIEN

La vie a trois phases : **la naissance, l'existence et la mort.**
Les romans ont trois parties : **le prologue, le développement et l'épilogue**
Les entretiens ont trois étapes : **l'ouverture, le corps et la clôture.**

Pour rendre votre entretien plus aisé, plus détendu, partagez-le en 3 blocs. C'est facile à retenir.

1. L'ouverture.

C'est la partie la plus angoissante mais également la plus intense. Il vous suffit de la réussir pour que l'entretien se déroule favorablement. Persuadez-vous que tout va bien se passer. Pratiquez la méthode Coué. Et surtout investissez toute votre énergie pour mettre votre interlocuteur à l'aise. Lui aussi a le trac... alors souriez-lui.

2. Le corps.

Partagez-le en trois parties.

- Dans un premier temps, sécurisez votre interlocuteur en répondant à ses questions de façon succincte, précise et étayée. Illustrez vos réponses d'exemples.

- Dans un deuxième temps, après avoir gardé un « profil bas », posez des questions pour découvrir les problèmes auxquels l'organisation doit faire face et montrez que vous pouvez être « la solution ».

- Ensuite, dans un troisième temps, faites définir votre futur emploi en l'abordant sous cinq aspects : Responsabilité - Promotion - Hiérarchie - Formation - Salaire.
  Attention ! Conservez l'aspect « Salaire » pour la fin.

3. La clôture ou verrouillage.

Enfin, verrouillez votre entretien, saluez votre interlocuteur et quittez la pièce.

Visualisez cette structure et gardez-la en mémoire durant tout l'entretien.

En quoi diffèrent les entretiens quotidiens auxquels vous participez dans votre travail des entretiens d'embauche ? En très peu de choses.

Au cours de vos trois prochaines séances de travail en groupe repérez les étapes de ces séances, notez-les et mesurez (en le notant) le temps passé sur chacune d'entre elles.

Débutez votre entretien positivement.

CHAPITRE VI : LA STRATEGIE DU CANDIDAT PENDANT L'ENTRETIEN

LE DEBUT DE L'ENTRETIEN

« Vous n'aurez jamais une deuxième chance de faire une bonne première impression ».

(David Swanson)

Il existe des centaines de techniques d'ouverture d'entretien.

Les pires entames sont du style : « J'aime beaucoup les tableaux que vous avez aux murs », « Que cette plante est jolie ! », « Quelle charmante photographie. Ce sont vos enfants ? etc. ».

Ce type d'ouverture est banal et éculé. Il peut même embarrasser le recruteur lorsqu'il vous reçoit dans un bureau qui n'est pas... le sien.

Une seule méthode d'ouverture semble donner des résultats satisfaisants. Il suffit de dire trois petites phrases à votre interlocuteur et ce, d'entrée de jeu :

1) « Bonjour monsieur. Je vous remercie de me recevoir ».
2) « Avant de commencer, puis-je vous poser une question ? »
3) « Quel est le point spécifique qui dans mon dossier vous a donné envie de me rencontrer ? »

Si vous pensez que cette formule est difficile à pratiquer durant les tout premiers instants, utilisez-la néanmoins dans les dix premières minutes. En faisant de la sorte, vous donnerez une direction positive à l'entretien.

Si vous ne savez vraiment pas quoi dire, restez silencieux. Parlez et communiquez avec vos yeux, tout en souriant.

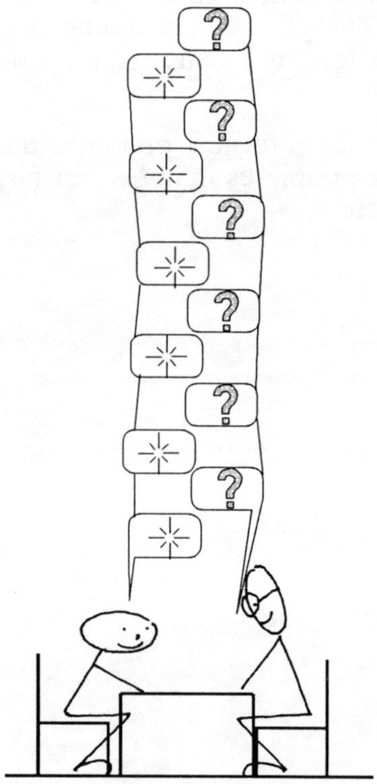

Sécurisez votre interlocuteur.

CHAPITRE VI : LA STRATEGIE DU CANDIDAT PENDANT L'ENTRETIEN

LA SECURISATION DE VOTRE INTERLOCUTEUR

Lui : « Je déteste les entretiens d'embauche ! »
Elle : « Pourquoi ? Tu cherches un nouveau job ? »
Lui : « Non, j'ai un recrutement à faire ! »

Lors d'une embauche, tout recruteur a sept soucis plus ou moins intenses qui l'assaillent. Il lui faut trouver un candidat qui puisse :

1) être immédiatement rentable,
2) s'insérer sans heurts dans son organisation, département, section,
3) faire corps avec son organisation, département, section,
4) travailler de façon indépendante et avoir de l'initiative,
5) ne pas nuire à la réputation de son organisation, département, section,
6) être immédiatement opérationnel,
7) ne pas nuire à son avancement ou à sa réussite.

Pour bon nombre de recruteurs, réussir une embauche consiste simplement à ne pas échouer, le constat de la qualité d'un candidat se faisant lors des premières semaines de travail.

Une preuve ? La plupart des 28 questions les plus fréquemment posées par un recruteur concernent le passé et le présent du candidat et non le futur. Ce sont des questions dites de « sécurisation ».

En début d'entretien, ne soyez pas trop agressif et ne prenez pas trop d'initiatives. Laissez venir votre interlocuteur. Si ses questions sont relatives à votre passé, c'est qu'il a un profond besoin d'être sécurisé. Dites-lui simplement ce que vous avez fait. Décrivez vos réalisations et illustrez vos explications par des faits et des chiffres. N'utilisez pas d'adjectifs, ils provoquent le scepticisme. N'utilisez pas non plus de superlatifs. Laissez les chiffres et les faits parler pour vous.

Enfin, n'évaluez pas vos performances par des propos tels que « Je peux être brillant ... Je suis très efficace... Je suis ceci ou cela... ». Laissez aux événements le rôle de démontrer que vous êtes la femme ou l'homme de la situation.

Découpez sept cartons et notez sur chacun d'eux l'un des sept soucis cités ci-dessus.

Avant de vous rendre à un entretien, identifiez-vous à votre recruteur et choisissez parmi les sept cartons les trois qui - à votre avis - correspondent le mieux aux préoccupations de la personne que vous allez rencontrer.

Découvrez le problème du recruteur et soyez sa solution.

CHAPITRE VI : LA STRATEGIE DU CANDIDAT PENDANT L'ENTRETIEN

LES PROBLEMES DE L'ENTREPRISE

Personne n'a de problème. Aucune organisation, aucun responsable d'organisation ou de département n'a de problème. Les problèmes n'existent pas ...

Ils ont tous des opportunités à saisir ; des défis à relever ; des missions à mener à bien...

Durant la partie centrale de l'entretien (le corps de l'entretien), posez les questions qui poussent le recruteur à vous faire part des problèmes inhérents au poste à pourvoir. Attention : n'utilisez jamais le mot « problème », mais plutôt « opportunités à saisir, « défis à relever », « missions à mener bien », « domaines à maîtriser », « zones à couvrir », etc...

Une fois ces problèmes annoncés, vous n'avez plus qu'à prouver que vous possédez les solutions nécessaires pour y remédier.

Pour utiliser efficacement l'approche « vos problèmes / mes solutions », posez des questions pertinentes dites « intelligentes ». Evitez d'être trop direct ou indiscret. Commencez par des questions d'ordre général, puis rapprochez-vous tranquillement des préoccupations de votre futur employeur.

Voici un exemple :

Le candidat : « Pourriez-vous me dire si vous avez des liens avec l'Amérique du Sud ou si vous vendez à cette partie du monde ? »
Le recruteur : « Oui, un peu »
Le candidat : « Avez-vous dans ce continent des pays prioritaires? ».
Le recruteur : « Oui, le Chili, l'Argentine et le Costa Rica ».
Le candidat : « Pour avoir séjourné deux ans en Argentine je pourrais sans doute vous être utile dans quatre domaines qui sont... ».

Dès que les problèmes et besoins sont énoncés, démontrez que vous êtes LA personne que l'organisation recherche. Prouvez que vous possédez les talents, les connaissances et les motivations nécessaires pour vous attaquer et sans doute résoudre les problèmes auxquelles elle a à faire face.
Démontrez-lui que vous êtes sans doute « la solution à leurs problèmes ». Pour chacun de ceux-ci citez un paragraphe de quelques lignes qui décrit l'une de vos réalisations passées.
Afin que votre démonstration soit concluante, trois à cinq échanges semblables « vos problèmes / mes solutions » sont souhaitables.

Pour illustrer la notion de « Problème/Solution », découvrez trois images tirées de la vie quotidienne.

Par exemple :
- *prise femelle/prise mâle*
- *bouteille/bouchon*
- *commode/tiroirs*
- *chaussure/pied*

etc....

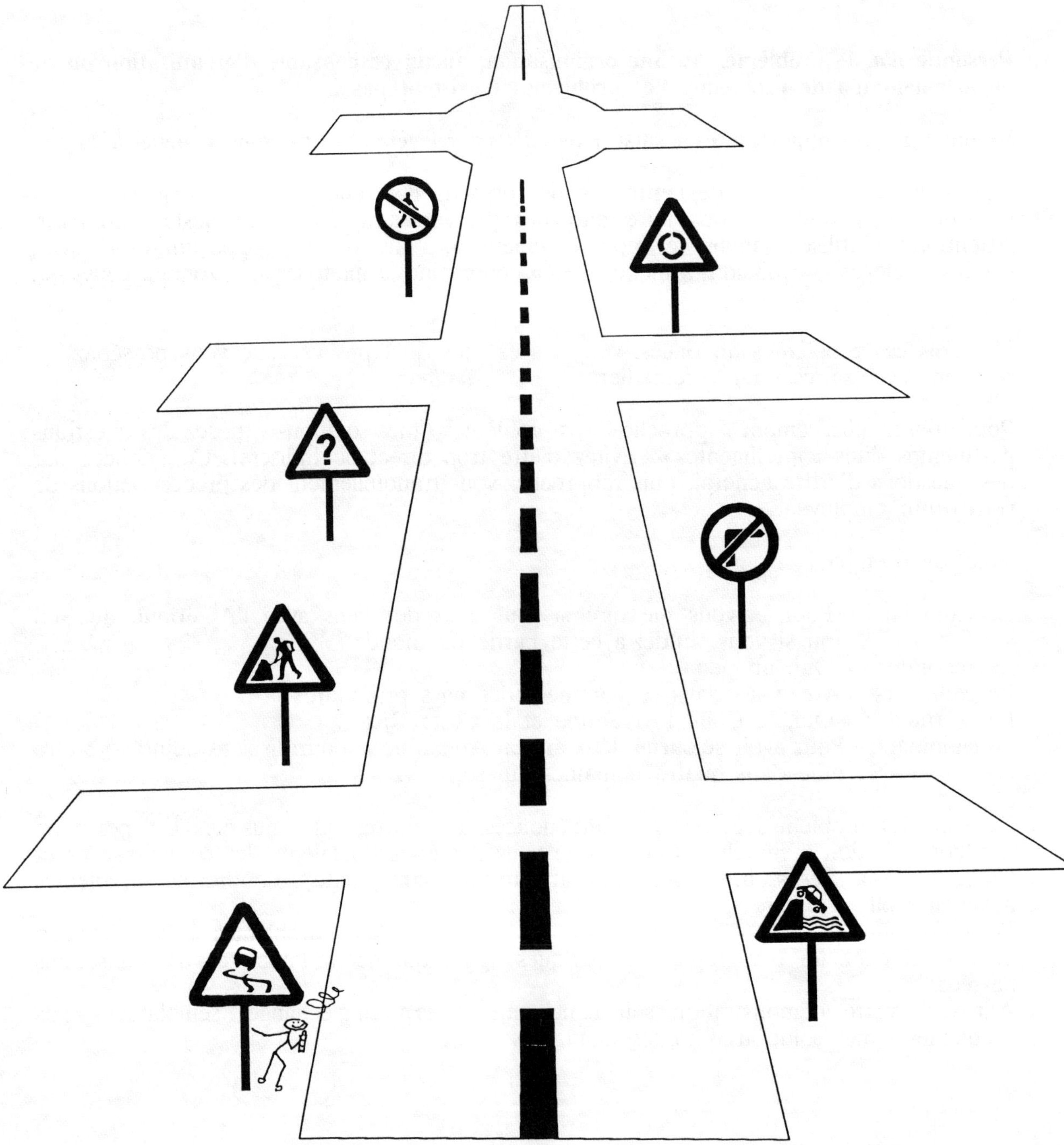

Respectez 7 règles durant l'entretien.

CHAPITRE VI : LA STRATEGIE DU CANDIDAT PENDANT L'ENTRETIEN

LES 7 CONSIGNES A OBSERVER

Pour réussir en entretien, soyez naturel et lisez ce qui suit !

Selon l'expérience de nombreux candidats qui ont été recrutés, voici une liste de sept choses à faire en entretien. Elles semblent déterminantes pour emporter la décision d'un recruteur.

1. Etayez et argumentez tout ce que vous avancez par des faits concrets et chiffrés.

2. Ayez une présentation (habillement) qui soit conforme à l'image de l'organisation qui vous reçoit et à ce que vous aimez porter.

3. Regardez votre interlocuteur dans les yeux ou fixez la moitié de son visage.

4. Posez des questions pertinentes choisies dans la liste mise au point avant l'entretien.

5. Faites comprendre que vous ne recherchez pas un « job alimentaire » mais, au contraire, que vous êtes en train de construire votre carrière (parlez le cas échéant - si c'est un plus - des autres propositions que vous avez reçues).

6. Montrez sans détour que votre objectif est clair : la simplicité et la spontanéité payent.

7. N'hésitez pas à dire ou à montrer que vous avez soigneusement préparé l'entretien que vous passez.

Prenez un petit carton. Notez clairement les trois points que vous voulez absolument couvrir ou les trois objectifs que vous voulez atteindre au cours de votre prochain entretien.
En fin d'entretien, une fois dans la rue, reprenez votre petit carton et notez face à chacun de ces trois points le résultat obtenu.

Evitez 6 faux pas durant l'entretien.

CHAPITRE VI : LA STRATEGIE DU CANDIDAT PENDANT L'ENTRETIEN

LES 6 FAUX PAS A EVITER

« Honnêtement, j'ai plus tendance à remarquer chez les candidats les erreurs et les faux pas qu'ils font plutôt que les points qu'ils marquent ! »

(Un recruteur)

Quand on demande aux recruteurs les principales raisons pour lesquelles ils écartent les candidats, ils s'accordent à dire que ceux qu'ils éliminent :

1. manquent d'intérêt et d'enthousiasme (souvent manifesté par l'absence de questions) ;
2. sont difficile à croire parce qu'ils prétendent avoir réussi dans tout ce qu'ils ont entrepris ou, au contraire, qu'ils doutent trop d'eux-mêmes ;
3. ne sont pas assez discrets ;
4. ne contrôlent pas leur temps de parole (phrases et interventions trop longues) ;
5. n'écoutent pas ou écoutent mal ;
6. font preuve de manque de délicatesse.

Procédez à votre auto-diagnostic ou faites-vous aider... pour trouver les choses « à ne pas faire » et que vous faites souvent ...

6 30

Maîtrisez votre temps de parole.

CHAPITRE VI : LA STRATEGIE DU CANDIDAT PENDANT L'ENTRETIEN

LE TEMPS DE PAROLE

« Plus je m'écoute et plus je m'aime ».

(Un candidat narcissique)

Une étude réalisée par une université auprès de recruteurs montre qu'il est possible de classer les candidats en trois familles :

* ceux qui parlent trop peu : ils sont alors jugés comme ayant une très mauvaise image d'eux-mêmes et un manque de confiance en eux ;

* ceux qui parlent trop : ils sont considérés comme n'ayant aucun respect, ni sensibilité pour l'organisation et leur interlocuteur ;

* ceux qui occupent la moitié du temps de l'entretien à parler et l'autre moitié à écouter : ce sont ceux qui reçoivent des propositions fermes d'embauche.

Contrôlez en permanence votre temps de parole : ne parlez ni trop, ni trop peu.

Et surtout : E. C. O. U. T. E. Z.

La prochaine fois que vous prenez le bus, le tram, le car, le train ou l'avion, mesurez la répartition de temps de parole entre ceux qui discutent.

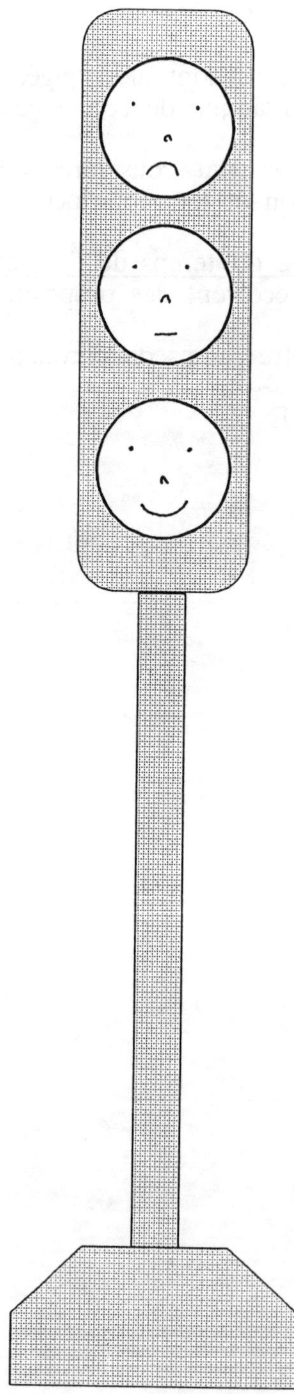

Contrôlez la durée de vos réponses.

LA DUREE DE VOS REPONSES

Votre recruteur est comme un feu de circulation :

- **parlez lorsqu'il est vert,**
- **surveillez vos propos à l'orange,**
- **cessez de parler quand il est rouge.**

Pendant l'entretien, la plupart des candidats se sabotent involontairement quand ils prennent la parole.

1. <u>Certains parlent trop d'eux.</u>

Ils disent des choses qui ne présentent pas de réel intérêt et qui ne sont pas en relation directe avec les besoins ou les préoccupations immédiates du recruteur.

2. <u>D'autres parlent trop longtemps sans s'interrompre.</u>

Certains candidats sont capables de parler huit à quinze minutes sans interruption. C'est un véritable suicide verbal !

Chaque fois que vous prenez la parole, imaginez-vous au volant d'une voiture.

* Ne circulez ou ne parlez que lorsque le feu est au vert (en entretien, un feu est au vert pendant les vingt premières secondes environ).

* Lorsque le feu passe à l'orange soyez prudent ; préparez-vous à cesser de parler en terminant sur un point fort, une phrase de synthèse ou une question.

* Enfin ne roulez plus, ne parlez plus si le feu est au rouge (le feu vire au rouge si vous parlez plus de deux minutes).

Idéalement, vous devriez être capable de citer une de vos réalisations en moins de vingt secondes (c'est possible !). Terminez vos interventions en demandant : « Souhaitez-vous plus de détails ? »

* Si la réponse est affirmative, développez votre point de vue en moins de deux minutes.

* Si la réponse est négative, vous avez bien fait d'être prudent. Apparemment le sujet ne semble pas intéresser votre interlocuteur. Changez-en ou laissez-le en choisir un autre.

Lors de vos interventions, interrompez-vous de temps en temps en posant des questions au recruteur afin de contrôler qu'il est toujours avec vous !

Prenez un chronomètre et vérifiez la durée des réponses que vous faites aux cinq questions les plus probables du recruteur.
Si vous dépassez vingt secondes pour trois questions sur cinq, recommencez.

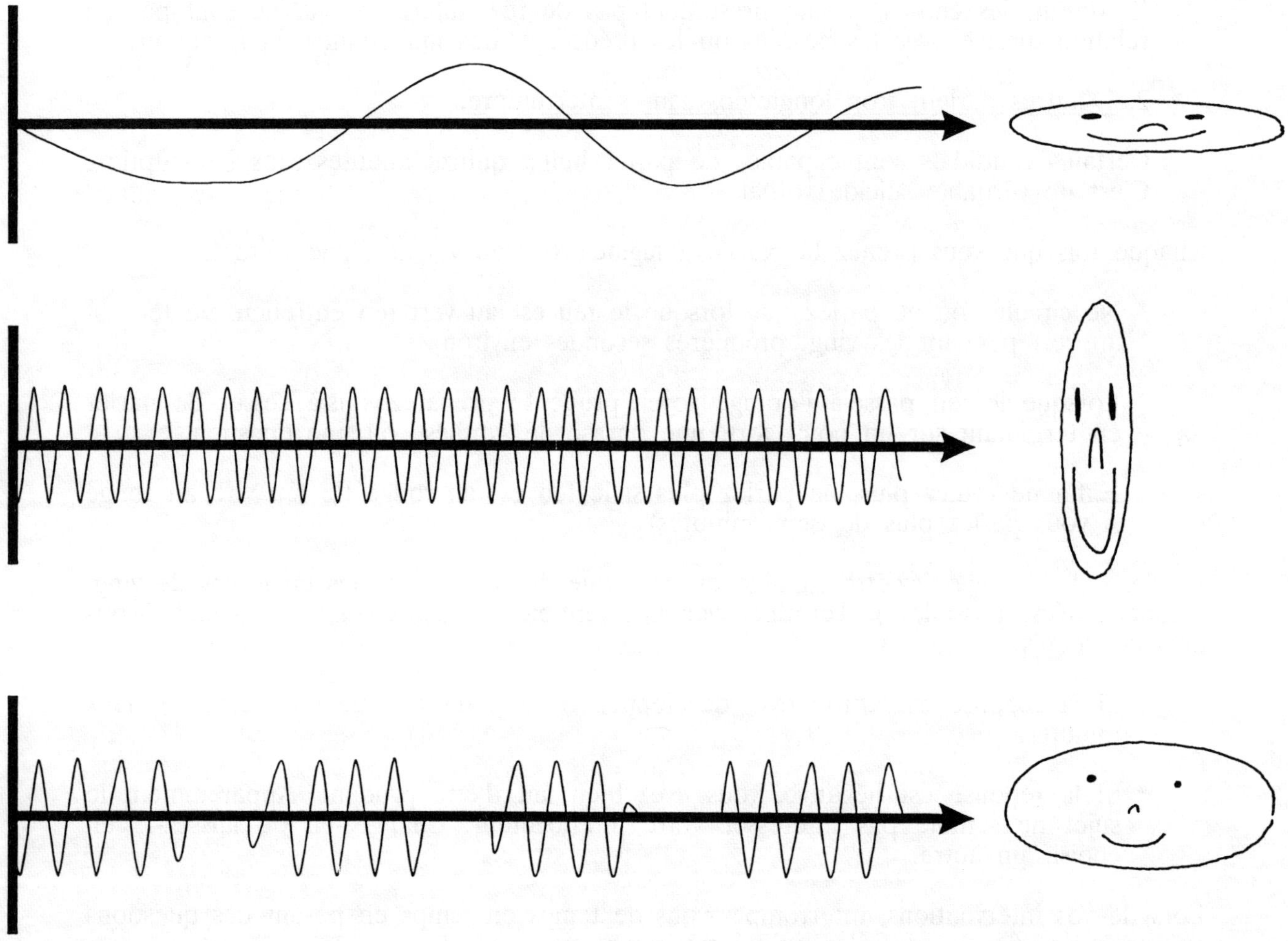

Rythmez votre cadence de parole au bon tempo.

LE RYTHME DE PAROLE

1. **Bla – – – – – – – – – – Bla – – – – – – – – – – – Bla – – – – – – – – – – – – Bla – – – – – – – – – – – – Bla**

2. **Blablablablablablablablablablablablablablablablablablablablabla**

3. **Blablabla – – – – – – – – – – – – – – – – Blablabla – – – – – – – – – – – – – – – – – – Blablabla**

Des études ont été faites pour savoir s'il était opportun d'avoir un débit de parole plutôt lent, plutôt rapide ou rapide avec des pauses. Les conclusions sont intéressantes.

* **Bla – – – – – – – – – – Bla – – – – – – – – – – – Bla – – – – – – – – – – – – Bla – – – – – – – – – – – – Bla**

Lorsqu'une personne parle LEN-TE-MENT, elle est habituellement jugée comme peu douée intellectuellement et elle se voit attribuer un quotient intellectuel (Q.I.) plutôt faible.

* **Blablablablablablablablablablablablablablablablablablablablabla**

A l'extrême opposé, les personnes parlant très rapidement, sont considérées comme plus intelligentes que la moyenne mais leurs interlocuteurs se plaignent de ne pouvoir les suivre. Ils décrochent. Le résultat final est mauvais.

* **Blablabla – – – – – – – – – – – – – – – – Blablabla – – – – – – – – – – – – – – – – – – Blablabla**

La bonne formule semble se situer quelque part entre ces deux extrêmes.
Il est donc plutôt recommandé de parler rapidement mais de savoir faire des pauses entre chaque débit (ne serait-ce que pour vous réapprovisionner en oxygène !). Vous permettez à l'autre de bien vous juger, de pouvoir vous suivre, de vous rattraper et pourquoi pas... de réfléchir aux propos brillants que vous venez de tenir.

N.B. Tout ceci n'est pourtant pas du blablabla...

N'oubliez pas de respirer !

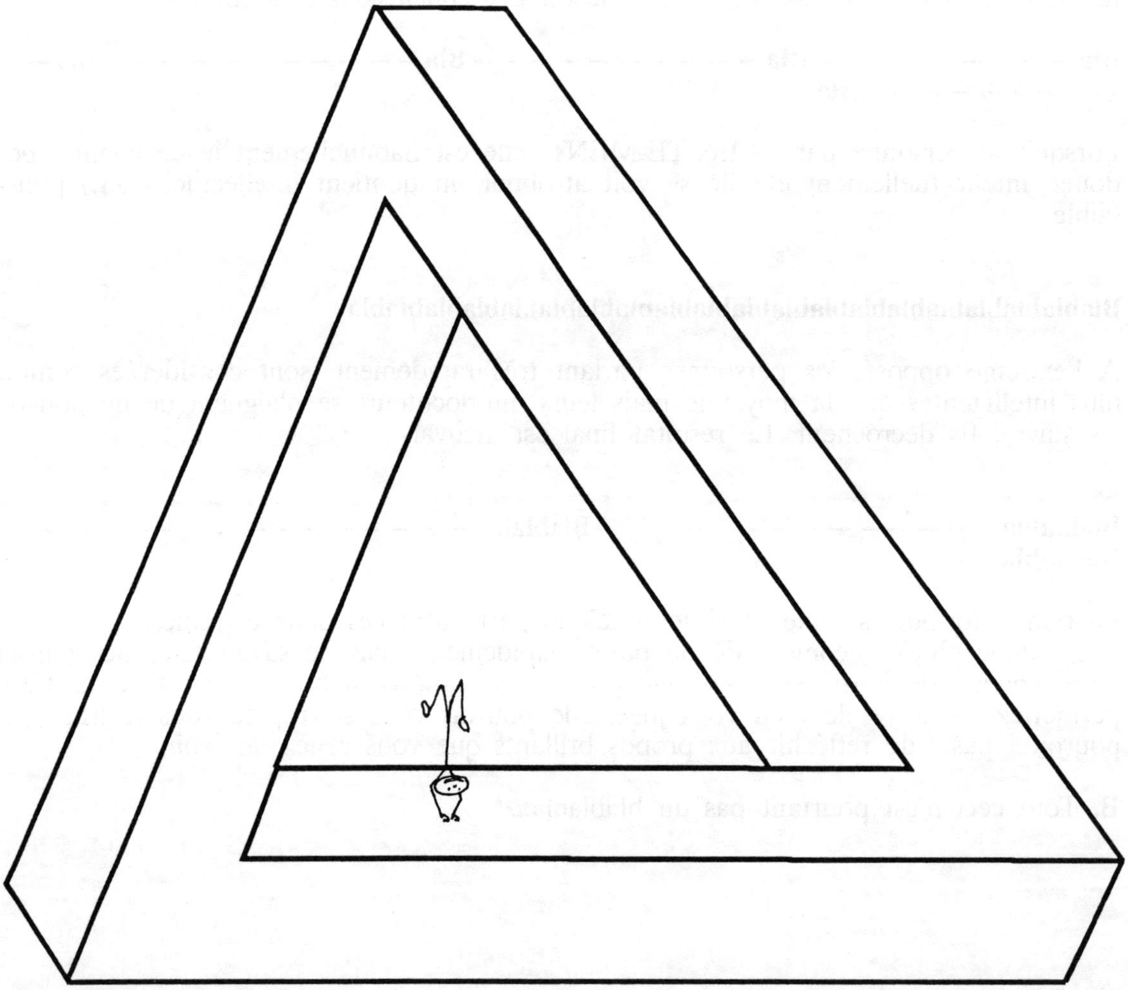

Fuyez le bluff et le mensonge.

Si vous désirez obtenir des renseignements sur les stages "TROUVER UN NOUVEL EMPLOI" organisés pour les groupes et/ou les particuliers, veuillez simplement envoyer vos nom et adresse au CABINET D. POROT — 40, rue des Vollandes — CH 1207 GENÈVE — Tél. : (022) 735 0014

DEMANDE D'INFORMATION SUR LES STAGES
" TROUVER UN NOUVEL EMPLOI"

à retourner à :
CABINET DANIEL POROT
40, rue des Vollandes - 1207 GENÈVE (SUISSE)
Tél. (022) 735 0014

Veuillez me faire parvenir, sans aucun engagement de ma part, des renseignements sur les stages "Trouver un nouvel emploi";

(Cocher, svp)
- ☐ Je suis un particulier
- ☐ Je fais partie ou coordonne un groupe (institut/école/association)

Nom .... Prénom ....
Rue et Numéro ....
Numéro postal .... Ville .... Tél. ....
Pays .... Date ....

NF/DEM/89

DEMANDE D'INFORMATION SUR LES STAGES
" TROUVER UN NOUVEL EMPLOI"

à retourner à :
CABINET DANIEL POROT
40, rue des Vollandes - 1207 GENÈVE (SUISSE)
Tél. (022) 735 0014

Veuillez me faire parvenir, sans aucun engagement de ma part, des renseignements sur les stages "Trouver un nouvel emploi";

(Cocher, svp)
- ☐ Je suis un particulier
- ☐ Je fais partie ou coordonne un groupe (institut/école/association)

Nom .... Prénom ....
Rue et Numéro ....
Numéro postal .... Ville .... Tél. ....
Pays .... Date ....

INF/DEM/89

DEMANDE D'INFORMATION SUR LES STAGES
" TROUVER UN NOUVEL EMPLOI"

à retourner à :
CABINET DANIEL POROT
40, rue des Vollandes - 1207 GENÈVE (SUISSE)
Tél. (022) 735 0014

Veuillez me faire parvenir, sans aucun engagement de ma part, des renseignements sur les stages "Trouver un nouvel emploi";

(Cocher, svp)
- ☐ Je suis un particulier
- ☐ Je fais partie ou coordonne un groupe (institut/école/association)

Nom .... Prénom ....
Rue et Numéro ....
Numéro postal .... Ville .... Tél. ....
Pays .... Date ....

NF/DEM/89

DEMANDE D'INFORMATION SUR LES STAGES
" TROUVER UN NOUVEL EMPLOI"

à retourner à :
CABINET DANIEL POROT
40, rue des Vollandes - 1207 GENÈVE (SUISSE)
Tél. (022) 735 0014

Veuillez me faire parvenir, sans aucun engagement de ma part, des renseignements sur les stages "Trouver un nouvel emploi";

(Cocher, svp)
- ☐ Je suis un particulier
- ☐ Je fais partie ou coordonne un groupe (institut/école/association)

Nom .... Prénom ....
Rue et Numéro ....
Numéro postal .... Ville .... Tél. ....
Pays .... Date ....

INF/DEM/89

Destinataire :

Cabinet D. POROT
40, rue des Vollandes
CH 1207 GENÈVE

Destinataire :

Cabinet D. POROT
40, rue des Vollandes
CH 1207 GENÈVE

Destinataire :

Cabinet D. POROT
40, rue des Vollandes
CH 1207 GENÈVE

Destinataire :

Cabinet D. POROT
40, rue des Vollandes
CH 1207 GENÈVE

NOS STAGES

Notre cabinet est spécialisé dans la conception et l'animation de stages sur la gestion de carrière.

A QUI S'ADRESSENT NOS SERVICES ?

A celles et à ceux qui ne veulent pas attendre 18 heures ou le week-end pour commencer à vivre... A celles et à ceux qui pensent que l'on peut s'épanouir dans les loisirs, les études et... le travail.

Nos clients sont des entreprises, des associations, des administrations et des particuliers.

QUELS SONT NOS STAGES QUI ONT LE PLUS DE SUCCÈS ?

— les techniques efficaces de recherche d'un nouvel emploi,
— le bilan personnel et professionnel,
— la mobilité et les promotions dans une organisation,
— le choix délicat du premier emploi,
— la reconversion professionnelle réussie,
— le choix d'activités de pré-retraite ou de retraite,
— la façon rigoureuse de choisir une formation,
— la négociation efficace du salaire,
— le « déclic » professionnel,
— les stratégies sûres de changement de poste ou de secteur,
— les méthodes actuelles pour reprendre un emploi après une longue interruption,
— la vérification du bien-fondé d'un virage professionnel...

COMBIEN DE TEMPS DURENT CES STAGES ?

Leur durée varie.

En général, nos actions sont courtes et très denses : de quelques heures à quelques jours.

CES MÉTHODES SONT-ELLES EFFICACES ?

Plus de 25 000 personnes ont déjà suivi nos stages et bénéficié de nos méthodes au cours des 18 dernières années...

Nous mesurons l'efficacité de nos méthodes et tenons nos résultats à votre disposition.

COMMENT CES STAGES SE DÉROULENT-ILS ?

Les participants assistent volontairement à nos stages. De ce fait, l'esprit qui y règne est excellent et les méthodes d'enseignement actives et participatives atteignent leur efficacité maximum.

Le temps passe très vite...

OU CES STAGES ONT-ILS LIEU ?

Partout.
Nous nous déplaçons.

Nos actions destinées aux participants venant à titre individuel se tiennent, dans les grandes villes, régulièrement.

En ce qui concerne les sociétés ou associations, nous animons nos stages là ou l'on nous demande d'intervenir.

COMMENT FAIRE POUR EN SAVOIR PLUS ?

Retournez-nous la fiche de demande de renseignements verte ci-jointe ou téléphonez-nous.

CAHIERS SPECIAUX

Cahier spécial N° 1 : « Les minorités » — 38 pages

Fascicule des minorités

Ce cahier spécial regroupe l'intégralité des 15 cahiers décrits ci-dessous. Il recouvre donc la quasi totalité des situations dans lesquelles vous pouvez vous trouver et risquez d'être confronté au cours d'un entretien.

Je ne suis plus jeune et je recherche un emploi.
L'âge est un prétexte souvent invoqué pour éconduire un chercheur d'emploi. Et pourtant, les arguments ne manquent pas pour faire valoir la candidature d'une personne à laquelle les années ont apporté maturité et expérience.

Je suis un autodidacte et je recherche un emploi.
Le niveau intellectuel est parfois assimilé aux diplômes détenus. Or, pour être l'homme de la situation, il n'est pas nécessaire d'être bardé de références universitaires. Vous le prouverez en puisant dans les réfutations proposées pour combattre les 14 objections que pourrait vous opposer un futur employeur.

Je suis chômeur et je recherche un emploi.
Avoir perdu son emploi et être à la recherche d'un nouveau poste peut être une opportunité extraordinaire pour celui qui sait la saisir. Il est capital de profiter de cette chance et de savoir en tirer le meilleur parti. Ce cahier spécial analyse plus de 15 motifs de départ ou de licenciement et présente les types d'arguments que l'on peut utiliser en entretien d'embauche lorsque l'on se trouve dans cette situation.

Je reviens de l'étranger et je recherche un emploi.
Un employeur peut invoquer au moins 10 raisons pour hésiter à recruter une personne qui revient de l'étranger. Ce cahier spécial en dresse la liste et présente la méthodologie et les 30 réfutations utilisables pour surmonter les préventions de l'interlocuteur.

Je suis une femme et je recherche un emploi.
Les 9 objections les plus classiques faites aux femmes qui recherchent un emploi sont contenues dans ce cahier spécial. Celui-ci offre en outre des recommandations au niveau de l'approche de ce problème et présente les 63 réfutations utilisées pour combattre les objections classiques qui relèvent plus du préjugé que de l'argument rationnel.

Je change de fonction et je recherche un emploi.
Certains employeurs comprennent difficilement qu'un individu puisse changer totalement de fonction et surtout réussir dans cette nouvelle affectation. A cela, il existe 7 raisons ou motifs. Or, bien souvent, un changement total de fonction est la source d'un grand succès professionnel. Ce cahier spécial présente ces motifs et 15 réfutations qui les neutralisent.

Je viens d'une grande entreprise et recherche un emploi dans une petite entreprise.
Après plusieurs années passées dans un grand organisme, un recruteur ne comprend souvent pas qu'un candidat désire intégrer et puisse réussir dans une petite entreprise. Ce cahier spécial reprend les 9 reproches le plus souvent faits à ces "transfuges" et les façons de les combattre.

J'étais un ingénieur-conseil et je veux intégrer une entreprise.
Il est souvent difficile de convaincre un employeur lorsque l'on postule pour un poste hiérarchique alors qu'on a presque toujours été ingénieur-conseil et/ou en position fonctionnelle. Ce cahier spécial identifie les 10 obstacles qui sont à surmonter quand on veut franchir ce pas et les 37 façons de les passer ou de les éviter.

Je suis jeune et sans expérience et je recherche un emploi.
Etre jeune est souvent synonyme d'être sans expérience. Ce cahier spécial présente une méthodologie pour aborder ce problème. Il est illustré par les 10 objections faites le plus souvent aux débutants, ainsi que par les 33 réfutations correspondantes qui les combattent.

J'étais militaire de carrière et je recherche un emploi.
Les 17 difficultés d'intégration objectées le plus souvent aux militaires qui quittent l'armée pour entrer dans la vie civile sont présentées dans ce cahier spécial. Outre la stratégie à adopter, ce cahier spécial énumère les différentes tactiques que l'on peut utiliser dans ce cas.

Je viens d'une petite entreprise et recherche un emploi dans une grande entreprise.
Il existe au moins 9 motifs pour lesquels une personne, venant d'une petite entreprise, se voit refuser l'accès d'une grande organisation. Ce cahier spécial reprend ces raisons et énumère les arguments pour les combattre.

J'ai eu plusieurs employeurs et je recherche un emploi.
Loin de constituer une tare, le fait d'avoir eu beaucoup d'employeurs peut être un atout capital pour un candidat. Ce cahier spécial présente la façon d'aborder ce problème et les 18 raisons qui permettent d'en tirer avantage.

Je viens d'un autre secteur industriel et je recherche un emploi.
On peut être amené à changer de secteur industriel soit parce que celui-ci est en perte de vitesse, soit pour poursuivre un objectif de carrière plus ambitieux. Ce cahier spécial présente tout d'abord la méthodologie générale d'approche puis les 9 objections le plus souvent faites par les employeurs à ceux qui changent de domaine industriel et, enfin, plus de 38 réfutations pour combattre ces objections.

Je n'ai eu qu'un seul employeur et je recherche un emploi.
N'avoir travaillé que pour un seul employeur est parfois mal jugé: expérience limitée, trop grand conservatisme, manque d'ouverture d'esprit... Ce cahier spécial montre qu'il n'en est souvent rien et qu'au contraire cet inconvénient apparent peut présenter 24 avantages pour le futur employeur.

Je suis trop spécialisé et je recherche un emploi.
Si l'on est devenu un spécialiste "très pointu" d'un domaine ou d'une activité, la recherche d'un emploi peut être plus difficile. Ce cahier spécial présente une méthodologie pour se "déspécialiser". Les 15 reproches faits le plus souvent aux spécialistes sont énumérés ainsi que les 57 façons les plus efficaces pour les réfuter.

CAHIERS SPECIAUX (suite)

Cahier spécial N° 2 : **« Comment me mettre à mon compte » — 18 pages**

Après avoir énoncé et commenté les 9 règles d'or de la création d'une entreprise, ce cahier spécial présente plusieurs tableaux qui vous permettent de chiffrer facilement «votre rêve» et de voir s'il est viable et rentable. Il comporte également une liste de 18 centres d'information, d'assistance et de formation ainsi que de 9 centres susceptibles d'intervenir au niveau du financement.

Cahier spécial N° 3 : **« Les défauts en entretien et leurs remèdes » — 11 pages**

Les 59 défauts les plus classiques en entretien d'embauche ont été répertoriés dans ce cahier spécial. Des simulations d'entretien vous permettront d'identifier les vôtres. Puis, connaissant vos faiblesses, il ne vous restera plus qu'à consulter ce cahier spécial pour y trouver, en moyenne, 4 remèdes pour chacun des ces 59 défauts.

Cahier spécial N° 4 : **« Comment réussir mon intégration dans un nouvel emploi » — 7 pages**

Rien ne sert d'obtenir un nouvel emploi si l'on doit, dans les mois qui suivent, rater son intégration dans sa nouvelle organisation. Ce cahier spécial présente successivement :

— les moyens les plus efficaces pour faire connaissance avec son nouvel employeur.
— 5 méthodes pour mieux s'organiser au plan individuel.
— 7 conseils de comportement pour réussir son intégration.

Il traite d'autre part des problèmes rencontrés le plus souvent soit par les débutants, soit par ceux qui changent totalement de secteur ou de fonction.

Cahier spécial N° 5 : **« Les 35 questions pouvant être posées à votre futur employeur au cours de l'entretien d'embauche » — 11 pages**

Au cours d'un entretien d'embauche, il est capital de faire définir le poste à pourvoir sous les 5 angles suivants :

— responsabilité
— aspect hiérarchique
— possibilité de promotion
— politique de formation
— rémunération

Ce cahier spécial présente les questions qu'il est possible de poser dans chacun de ces 5 domaines pour démarrer sur des bases saines dans son nouvel emploi.

Cahier spécial N° 6 : **« Comment négocier mon salaire ou une augmentation de salaire » — 7 pages**

Il existe 13 règles d'or à respecter pour négocier avec succès son salaire ou son augmentation de salaire. Ce cahier spécial les passe en revue et les commente avec des exemples. Puis il présente les 4 méthodes de base que l'on peut utiliser pour négocier un salaire. Enfin, il énumère les objections les plus connues faites par l'entreprise à celui qui désire une augmentation de salaire et les façons de réfuter ces objections.

Cahier spécial N° 7 : **« Comment réussir un stage en entreprise » — 8 pages**

Un stage peut être un excellent tremplin pour obtenir un emploi dans une entreprise. Ce cahier spécial présente 30 recommandations et conseils précis qu'il faut observer avant, pendant et après un stage pour le réussir parfaitement.

CASSETTES

« Réussir ma négociation de salaire » — *Durée : 39 mn*
Cette cassette présente tout d'abord les principes généraux de négociation de salaires. Elle décrit ensuite les 5 méthodes les plus classiques et les plus efficaces pour négocier son salaire.

« Déboucher positivement d'un entretien » — *Durée : 31 mn*
Il existe au moins 13 débouchés possibles d'un entretien, tous positifs. Cette cassette décrit chacun de ces débouchés et les illustre de dialogues présentant la meilleure façon de les approcher et de les négocier.

« Utiliser le téléphone avec efficacité » — *Durée : 55 mn*
Le téléphone peut être votre meilleur ami ou votre pire ennemi au cours de votre campagne. Il existe 5 règles d'or à respecter pour éviter de tomber dans les pièges classiques du téléphone. Bien utilisé, le téléphone peut être un excellent outil pour obtenir des rendez-vous et/ou se renseigner sur des entreprises et/ou des personnes.

« P.I.E. : une méthode créative de recherche d'emploi » — *Durée : 22 mn*
La P.I.E. est une méthode à la fois simple et révolutionnaire qui donne des résultats remarquables lorsqu'elle est utilisée de façon systématique. Elle est basée sur le principe de la construction d'un réseau d'information. Elle ne nécessite pratiquement aucun document écrit.

« Réussir mon entretien d'embauche » — *Durée : 67 mn*
Cette cassette reprend et répond systématiquement aux questions les plus fréquentes que vous vous posez sur l'entretien d'embauche. On y traite, par exemple, des questions embarrassantes du style «parlez-moi de vous» ou des thèmes plus globaux tels que l'art de construire un entretien d'embauche efficace.

« Devenir "Multicasquette" » — *Durée : 34 mn*
Quelques rares professions fonctionnent à l'heure actuelle selon la formule «multi-employeur» ou «multicasquette». Ce mode de travail en «temps partagé» consiste à travailler pour plusieur employeurs à la fois. Cette cassette présente les avantages et les inconvénients de cette formule ainsi que les méthodes les plus efficaces pour devenir un «multicasquette».

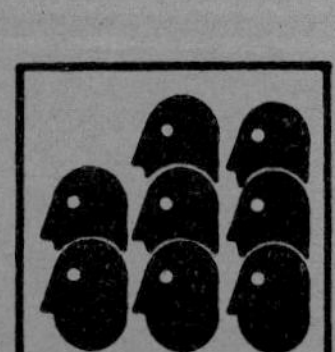

« Choisir un stage de formation » — *Durée : 25 mn*
— Devez-vous choisir un stage d'apport en connaissance ou d'amélioration de vos compétences?
— Comment localiser les centres de formation?
— Comment choisir entre plusieurs stages?
— Comment vous faire admettre dans un stage?

Cette cassette reprend ces questions de base et y répond.

CASSETTES

***« Garder le moral »** — Durée : 56 mn*
Dans le domaine de la recherche d'un emploi, une enquête a montré que l'efficacité était directement proportionnelle au volume d'activité. Pour conserver un moral d'acier dans une phase aussi difficile que celle de la recherche d'un emploi, il est capital de savoir s'organiser et de rester actif. Cette cassette vous présente les règles essentielles pour garder le moral à partir de témoignages directs.

***« Bâtir un projet professionnel réaliste »** — Durée : 45 mn*
Le choix d'une branche, d'une fonction ou d'une formation se fait nécessairement dans le cadre d'un projet professionnel. Cette cassette trace les grandes lignes de la construction d'un plan de carrière et rappelle les règles élémentaires à observer pour réussir.

***« Remédier aux erreurs et menaces classiques »** — Durée : 27 mn*
Une enquête réalisé sur plusieurs centaines de demandeurs d'emploi a permis d'identifier les erreurs et menaces les plus classiques d'une campagne de recherche d'emploi. Cette cassette reprend les erreurs et menaces les plus souvent citées et propose pour chacune d'entre elles plusieurs remèdes ou conseils.

***« Etre handicapé et trouver un emploi »** — Durée : 59 mn*
Des témoignages recueillis essentiellement auprès de handicapés physiques nous ont permis de rassembler des principes généraux permettant aux handicapés une insertion professionnelle plus facile. Cette cassette précise ces principes et les illustre d'exemples pris sur le vif. Elle est envoyé gratuitement aux handicapés.

***« Réussir avec les chasseurs de têtes »** — Durée : 55 mn*
Au cours de votre carrière, vous risquez d'être approché par un « chasseur de têtes », soit très directement, soit au contraire de façon très détournée. L'important est de bien connaître la façon dont ils fonctionnent, leurs codes, l'art de négocier avec eux, la manière de les faire parler et, surtout, d'être la tête de liste parmi les candidats qu'ils vont proposer à leur client.

***« Comment choisir une activité en franchise ? »** — Durée : 60 mn*
La formule de distribution en franchise (franchising) a pris en Europe un essor considérable. En achetant une formule déjà mise au point par d'autres le risque d'échec est faible ; en outre, chacun a la possibilité de devenir son propre patron... Le gros problème est de savoir faire un premier tri, puis lire entre les lignes des contrats proposés et, surtout, interpréter et corriger les données chiffrées prévisionnelles que les franchiseurs vous proposent. Cette cassette vous propose une démarche systématique étayée de conseils de prudence et de témoignages de réussites.

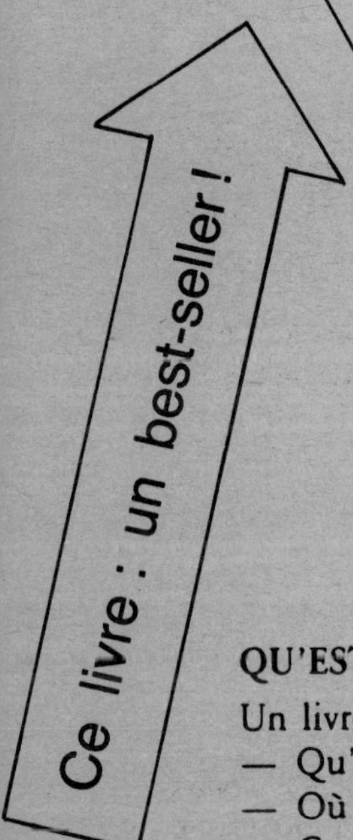

POUR QUI LE PARACHUTE ?

Pour vous qui

— Cherchez un nouvel emploi.
— Voulez changer d'emploi.
— Désirez reprendre un emploi.
— Cherchez votre premier emploi.
— Êtes en contact avec le marché de l'emploi.

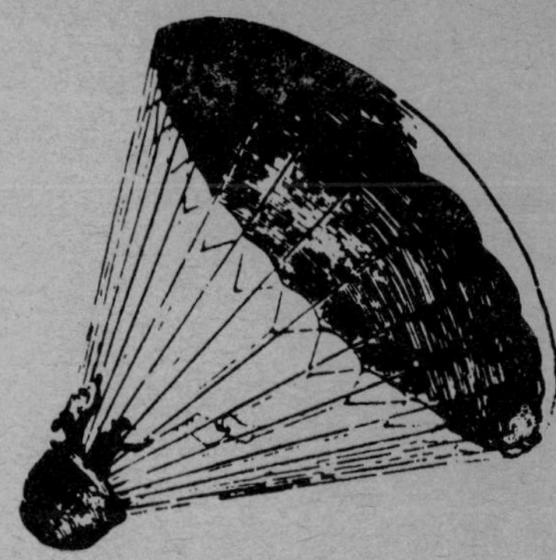

POURQUOI LE PARACHUTE ?

Parce que

— Sur 22.000 métiers existant aujourd'hui, 11.000 auront disparu en l'an 2000.
— Un jeune qui débute devra changer 10 fois d'employeur au cours de sa vie professionnelle.
— Les recruteurs et les départements du personnel flottent sur une mer de curriculum-vitae.

Les méthodes traditionnelles de recherche d'emploi sont meurtrières (98,3% d'échec, étude réalisée sur 1561 personnes, source Porot).

QU'EST-CE QUE LE PARACHUTE ?

Un livre qui répond aux 3 questions essentielles que vous devez vous poser :
— Qu'est-ce que vous aimez faire ?
— Où voulez-vous exercer vos talents ?
— Comment chercher et trouver l'emploi qui vous convient ?

Un livre qui vous donne, pour toute la durée de votre vie professionnelle :
— Une méthode et des tests pour déterminer vos aptitudes et vos goûts.
— Une technique pour définir dans quel métier et dans quel secteur vous pourrez vous épanouir.
— Une approche créative pour trouver votre employeur et votre emploi.

En outre, le parachute vous fournit les adresses utiles les plus complètes réunies pour la première fois dans les annexes :
— 153 organismes officiels.
— 12 associations d'entraides et groupes de cadres intervenant.
— 739 cabinets de recrutement.
— 78 chasseurs de tête.
— 108 groupements professionnels.
— 29 journaux recevant les annonces d'emploi.

Si vous désirez l'un ou plusieurs de ces cahiers ou livres, il suffit de nous retourner un bon de commande jaune ci-contre dûment renseigné.

COMMENT TROUVER UNE SITUATION

A QUI S'ADRESSE CE LIVRE ?

Ce manuel a été écrit pour vous si :

* vous vous posez des questions dans le domaine de la recherche d'emploi,
* vous souhaitez vous épanouir dans votre vie professionnelle en trouvant un emploi enrichissant qui vous permette de vous exprimer.

EST-IL SUFFISAMMENT PRATIQUE ? EST-IL A JOUR ?

COMMENT TROUVER UNE SITUATION ne comporte que des données, des concepts, des conseils recueillis sur le terrain. C'est en effet au cours des stages que nous animons que nous sélectionnons les idées nouvelles et qui marchent. Plus de 25 000 personnes, confrontées à un problème d'emploi, ont utilisé nos méthodes avec succès.

Nous modifions périodiquement le contenu du manuel par la mise à jour des données numériques et le remplacement des méthodes devenues obsolètes par d'autres plus actuelles et ayant fourni la preuve de leur efficacité.

QUE CONTIENT-IL ? COMMENT DOIS-JE L'UTILISER ?

Comme un manuel et non comme un roman d'aventures.

Une table des matières très fournie et un index extrêmement détaillé (plus de 300 points clés) vous permettent de trouver en quelques secondes la page qui traite du problème très spécifique qui se pose à vous.

Le contenu est présenté en chapitres organisés en progression logique : qui suis-je ? Quels sont mes points forts ? Quel est le poste qui me convient le mieux ? Comment savoir où il se trouve ? Comment obtenir des entretiens d'embauche ? Comment répondre à des petites annonces, rédiger un curriculum vitae, une lettre spontanée, négocier un salaire qui me convienne... et beaucoup d'autres choses encore.

Ainsi en moins de 2 minutes vous aurez trouvé, lu et assimilé une, deux ou trois réponses à la question que vous vous posez.

Si vous désirez obtenir des renseignements sur nos « CAHIERS SPÉCIAUX », nos « CASSETTES » et nos « LIVRES », veuillez simplement nous envoyer vos nom et adresse.

CABINET D. POROT — 40, rue des Vollandes — CH 1207 GENEVE — Tél. : (022) 735 00 14

COMMANDE DE DOCUMENTATION

A expédier au : CABINET D. POROT - 40, rue des Vollandes - CH - 1207 GENEVE -
Téléphone : (022) 735 0014
Veuillez me faire parvenir par retour du courrier la commande suivante :

	Coût unitaire			Nombre	Total
	FB	FF	FS		
	(entourer la monnaie choisie)				
CAHIERS SPÉCIAUX					
« Les Minorités »	320	45	18	______	______
« Comment me mettre à mon compte »	160	25	8	______	______
« Les défauts en entretien et leurs remèdes »	160	25	8	______	______
« Réussir mon intégration dans un nouvel emploi »	160	25	8	______	______
« Les 35 questions pouvant être posées à votre futur employeur au cours de l'entretien d'embauche »	160	25	8	______	______
« Comment négocier mon salaire »	160	25	8	______	______
« Comment réussir un stage en entreprise »	160	25	8	______	______
CASSETTES (voir la durée sur le descriptif ci-joint) **Jeu de 5 cassettes au choix** (Notez-les dans la colonne Nombre)	1 800	280	80	______	______
« Réussir ma négociation de salaire »	450	70	20	______	______
« Déboucher positivement d'un entretien »	450	70	20	______	______
« Utiliser le téléphone avec efficacité »	450	70	20	______	______
« P.I.E. : une méthode créative de recherche d'emploi »	450	70	20	______	______
« Réussir mon entretien d'embauche »	450	70	20	______	______
« Devenir multicasquette »	450	70	20	______	______
« Choisir un stage de formation »	450	70	20	______	______
« Garder le moral »	450	70	20	______	______
« Bâtir un projet professionnel réaliste »	450	70	20	______	______
« Remédier aux erreurs et menaces classiques »	450	70	20	______	______
« Etre handicapé et trouver un emploi (envoi réservé aux handicapés)		GRATUIT			
« Réussir avec les chasseurs de têtes »	450	70	20	______	______
« Comment choisir une activité en franchise »	450	70	20	______	______
MANUEL OU LIVRE					
« Votre entretien d'embauche : 107 conseils pour le réussir	600	85	30	______	______
« Comment trouver une situation »	700	97	32	______	______
« Chercheurs d'emploi, n'oubliez pas votre parachute »	490	69	25	______	______
Coût fixe de préparation et d'expédition des documents ci-dessus (quelle que soit la taille de la commande)	**105**	**20**	**6**	______	______

Pour une expédition **encore plus rapide,** joignez à votre commande un chèque à l'ordre de D. POROT

Si votre chèque n'accompagne pas votre commande, les frais administratifs (FF 30, SF 10, FB 150) seront facturés en sus.

TOTAL : ______

Garantie 100 % ! *Si ces documents ne correspondent pas à mon attente, je me réserve le droit de vous retourner ma commande dans les 15 jours. Mon versement me serait alors intégralement remboursé.*

Nom : .... Prénom ....

Rue et numéro : .... Tél. : ....

Numéro postal : .... Ville : .... Pays ....

Merci de votre commande. Signature : ....

DOC/BON/90

COMMANDE DE DOCUMENTATION

A expédier au : CABINET D. POROT - 40, rue des Vollandes - CH - 1207 GENEVE -
Téléphone : (022) 735 0014
Veuillez me faire parvenir par retour du courrier la commande suivante :

	Coût unitaire			Nombre	Total
	FB	FF	FS		
	(entourer la monnaie choisie)				
CAHIERS SPÉCIAUX					
« Les Minorités »	320	45	18	______	______
« Comment me mettre à mon compte »	160	25	8	______	______
« Les défauts en entretien et leurs remèdes »	160	25	8	______	______
« Réussir mon intégration dans un nouvel emploi »	160	25	8	______	______
« Les 35 questions pouvant être posées à votre futur employeur au cours de l'entretien d'embauche »	160	25	8	______	______
« Comment négocier mon salaire »	160	25	8	______	______
« Comment réussir un stage en entreprise »	160	25	8	______	______
CASSETTES (voir la durée sur le descriptif ci-joint) **Jeu de 5 cassettes au choix** (Notez-les dans la colonne Nombre)	1 800	280	80	______	______
« Réussir ma négociation de salaire »	450	70	20	______	______
« Déboucher positivement d'un entretien »	450	70	20	______	______
« Utiliser le téléphone avec efficacité »	450	70	20	______	______
« P.I.E. : une méthode créative de recherche d'emploi »	450	70	20	______	______
« Réussir mon entretien d'embauche »	450	70	20	______	______
« Devenir multicasquette »	450	70	20	______	______
« Choisir un stage de formation »	450	70	20	______	______
« Garder le moral »	450	70	20	______	______
« Bâtir un projet professionnel réaliste »	450	70	20	______	______
« Remédier aux erreurs et menaces classiques »	450	70	20	______	______
« Etre handicapé et trouver un emploi (envoi réservé aux handicapés)		GRATUIT			
« Réussir avec les chasseurs de têtes »	450	70	20	______	______
« Comment choisir une activité en franchise »	450	70	20	______	______
MANUEL OU LIVRE					
« Votre entretien d'embauche : 107 conseils pour le réussir	600	85	30	______	______
« Comment trouver une situation »	700	97	32	______	______
« Chercheurs d'emploi, n'oubliez pas votre parachute »	490	69	25	______	______
Coût fixe de préparation et d'expédition des documents ci-dessus (quelle que soit la taille de la commande)	**105**	**20**	**6**	______	______

Pour une expédition **encore plus rapide,** joignez à votre commande un chèque à l'ordre de D. POROT

Si votre chèque n'accompagne pas votre commande, les frais administratifs (FF 30, SF 10, FB 150) seront facturés en sus.

TOTAL : ______

Garantie 100 % ! *Si ces documents ne correspondent pas à mon attente, je me réserve le droit de vous retourner ma commande dans les 15 jours. Mon versement me serait alors intégralement remboursé.*

Nom : .... Prénom ....

Rue et numéro : .... Tél. : ....

Numéro postal : .... Ville : .... Pays ....

Merci de votre commande. Signature : ....

DOC/BON/90

Destinataire :

Cabinet D. POROT
40, rue des Vollandes
CH 1207 GENÈVE

Destinataire :

Cabinet D. POROT
40, rue des Vollandes
CH 1207 GENÈVE

CHAPITRE VI : LA STRATEGIE DU CANDIDAT PENDANT L'ENTRETIEN

LE BLUFF

« Moins on ment, mieux on se sent ».

(Dicton paysan)

Il est toujours risqué de bluffer au cours d'un entretien et ce, pour deux raisons essentielles.

* Il faut avoir une excellente mémoire pour pouvoir mentir.
La recherche de cohérence est l'un des exercices préférés des recruteurs, un des piliers de l'entretien. Tout faux-pas ou information divergente de votre part risque de provoquer une condamnation sans appel. N'entamez pas votre capital confiance.

* En bluffant, vous risquez de perdre votre naturel et vos moyens.
L'expérience montre qu'en étant naturel, vous augmentez vos chances d'obtenir une proposition.

Deux ou trois domaines ont les faveurs des candidats bluffeurs. Soyez prudents, ils sont connus !

A la question « Avez-vous d'autres propositions » vous avez intérêt à dire la vérité. Ayez soin d'obtenir - avant les entretiens importants - une ou deux propositions fermes d'embauche pour des postes qui vous intéressent moins. Armé de deux propositions vous pouvez alors dire sans aucune hésitation « J'ai actuellement deux propositions fermes d'embauche ». Restez ensuite silencieux et attendez que votre interlocuteur réagisse.

En posant des questions autour de vous, identifiez les cinq signes qui trahissent souvent les bluffeurs.

Méfiez-vous des titres.

CHAPITRE VI : LA STRATEGIE DU CANDIDAT PENDANT L'ENTRETIEN

LES TITRES DES FONCTIONS

Une description de fonction sans critères de performance est aussi utile qu'un cautère sur une jambe de bois.

Les titres et les casquettes ne veulent rien dire. Nombreux sont les candidats qui malheureusement se font piéger par un titre ronflant. Investissez peu de temps dans la négociation d'un titre.

Il est souvent inutile, voire même contre-productif, de le faire.

Prenez soin de faire décomposer le titre du poste à pourvoir en tâches et missions. Faites préciser ce que l'on s'attend à vous voir gérer et mener à bien.

Faites ensuite préciser les moyens qui sont mis à disposition pour ce poste : oui, parlez des moyens, même si vous pensez qu'ils sont évidents.

Enfin, arrivez à la question de confiance : demandez sur quels critères le titulaire de ce poste est jugé et selon quelles normes sa performance est évaluée. Posez cette question avec prudence et délicatesse car elle est souvent embarrassante ou tout au moins surprenante.

Si vous avez conservé l'annonce « offre d'emploi » de votre dernier emploi ou la description de fonction, étudiez-les.
Comparez le profil qui était exigé avec le vôtre. Identifiez les tâches que vous étiez censé remplir avec celles que vous avez réellement effectuées.
A ce petit jeu, rares sont ceux qui dépassent 50 % de couverture.

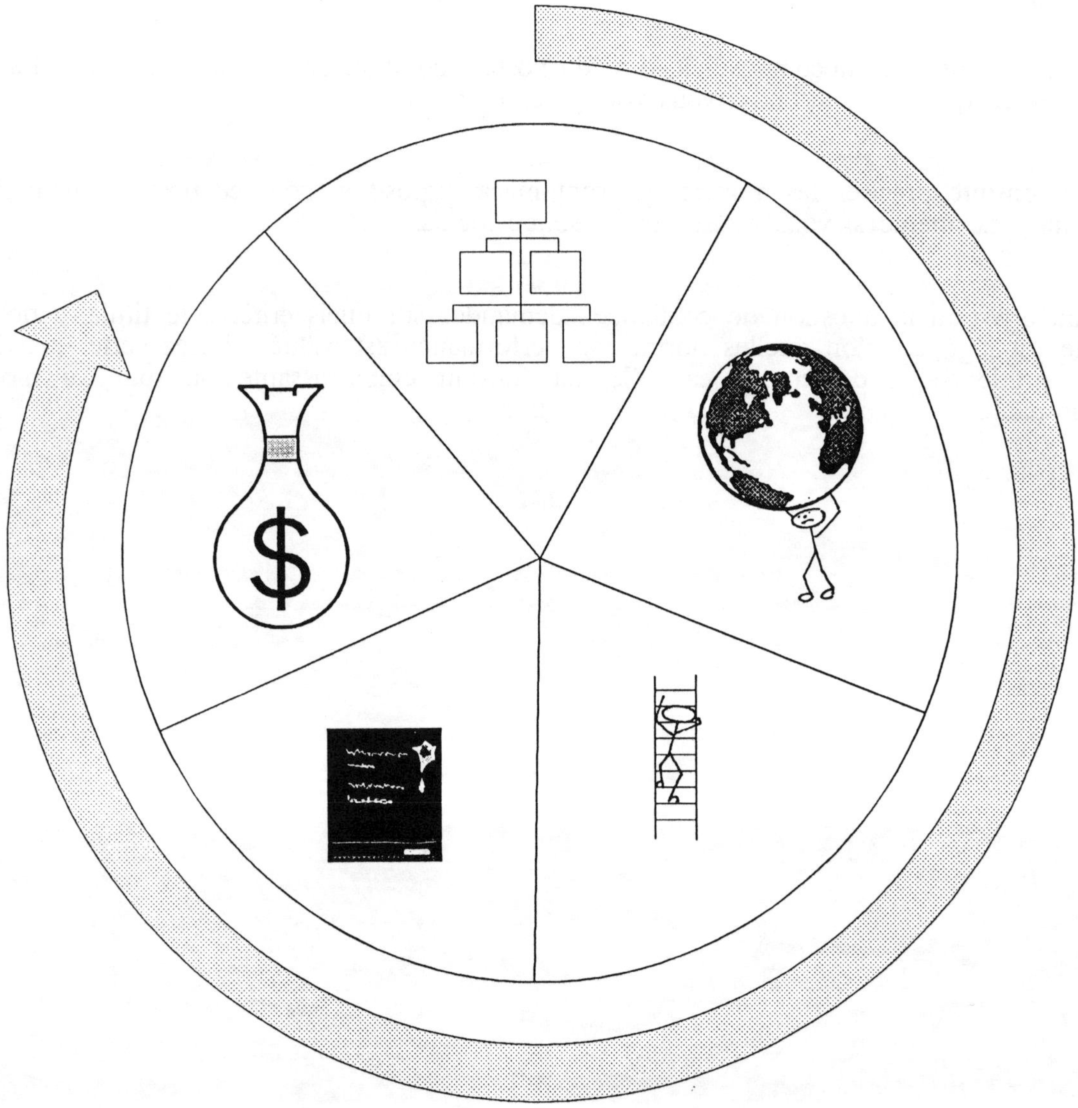

Négociez les 5 éléments du panier emploi.

CHAPITRE VI : LA STRATEGIE DU CANDIDAT PENDANT L'ENTRETIEN

LE PANIER EMPLOI

« Il n'y a rien qui me trouble autant qu'un candidat qui fait des concessions sur tout. »

(Propos authentique d'un recruteur)

Le grand art consiste à négocier les cinq dimensions d'un poste en recherchant un équilibre entre elles. Faites des concessions dans certains domaines et rattrapez-vous sur d'autres.

Les cinq éléments qui sont à négocier lors d'un entretien d'embauche sont :

* vos responsabilités : quelles seront exactement vos responsabilités en terme de personnes, de signature, d'équipement, de budget ? ...

* vos chances de promotion : quelles seront vos possibilités de progression ? Votre promotion sera-t-elle horizontale ou verticale ?...

* vos possibilités de formation : quel type de formation la société pourra-t-elle vous offrir ? Cette formation sera-t-elle en relation avec votre futur emploi ou s'agira-t-il d'un développement personnel ?...

* votre position hiérarchique : à qui rendrez-vous compte ? Qui sera votre supérieur ? Qui évaluera vos efforts et vos succès ?...

* votre futur salaire : Combien serez-vous payé pour votre travail ? Y aura-t-il une partie fixe et une partie variable ? Quand sera-il révisé ?...

Traitez le salaire en dernier lieu !...

Trouvez un moyen mnémotechnique pour vous souvenir de ces 5 lettres : R .P. F. H .S. (Responsabilités, Promotion, Formation, Hiérarchie, Salaire).

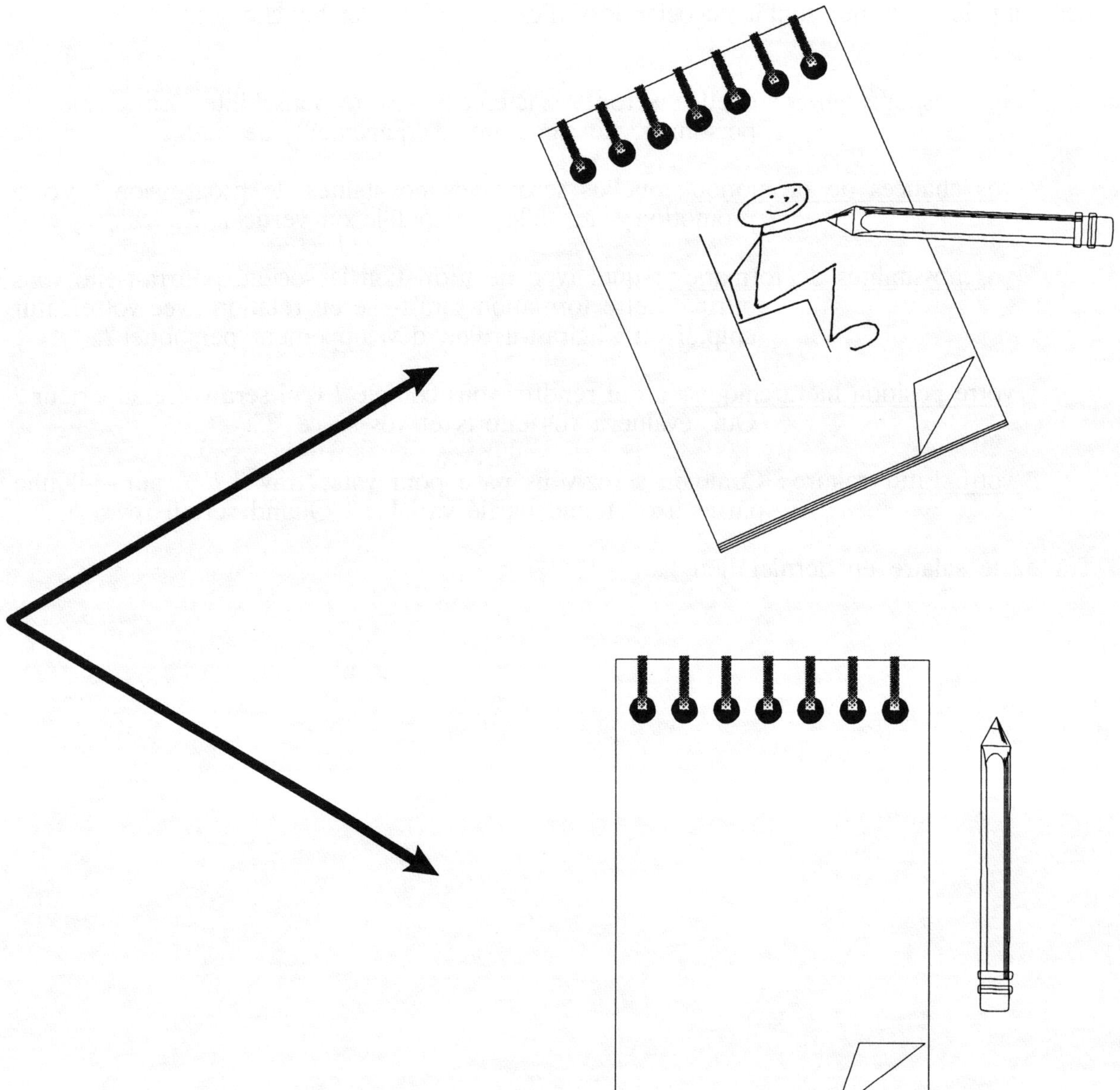

Décidez-vous quant à la prise de note.

CHAPITRE VI : LA STRATEGIE DU CANDIDAT PENDANT L'ENTRETIEN

LA PRISE DE NOTE EN ENTRETIEN

« Prendre des notes en entretien, ça fait vraiment moche ! »
(Adversaires de la prise de notes.)

« Ceux qui prennent des notes en entretien utilisent le papier pour stocker l'information et leur cerveau pour la traiter ».
(Partisans de la prise de notes.)

Si le recruteur vous reçoit sur un canapé d'angle et tient à donner à cet entretien un côté très informel, ne rendez pas « la relation » trop formelle en prenant des notes.

Si l'entretien est plus formel (vous êtes assis de part et d'autre d'un bureau) et que vous souhaitiez prendre des notes (ce qui est tout à fait louable et respectable) prenez les précautions suivantes :

* demandez à votre interlocuteur s'il ne voit pas d'inconvénients à ce que vous le fassiez ;
* prenez vos notes de façon « visible » c'est-à-dire en posant votre bloc sur la table et en permettant à l'autre de lire à l'envers ce que vous écrivez (s'il le souhaite) ;
* écrivez rapidement pour ne par ralentir le rythme de parole de l'autre ; si la conversation prend un ton plutôt confidentiel, repoussez votre bloc de façon ostensible, reposez votre crayon sur la table et montrez que tout ce qui va vous être dit entrera par une oreille et sortira immédiatement par l'autre.

Les bons professionnels savent lire à l'envers. Souvenez-vous-en si vous prenez des notes.

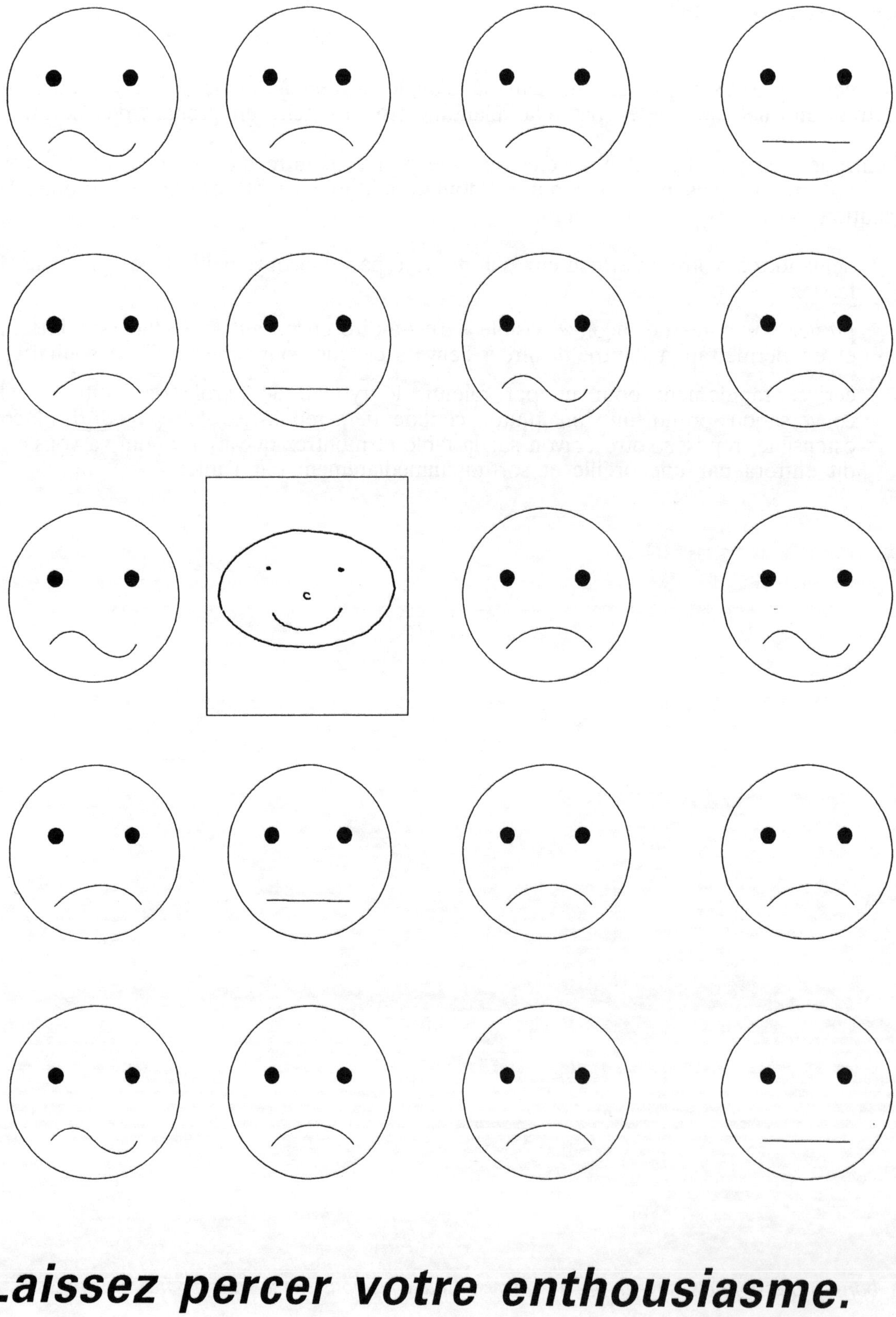

Laissez percer votre enthousiasme.

CHAPITRE VI : LA STRATEGIE DU CANDIDAT PENDANT L'ENTRETIEN

L'ENTHOUSIASME ET SON IMPACT

Lui : « Et, alors ? Il est bien ? »
Elle : « Pas mal. Mais surtout, il est très agréable. Il s'enflamme pour des tas de choses. Oh ! Oui. Il fait partie de cette minorité de gens qui vous entraînent dans leur enthousiasme. Et ça, j'adore ».

L'enthousiasme est souvent le parent pauvre. Il n'a pas la place qui lui revient en entretien et c'est la raison pour laquelle nous lui avons consacré une page spéciale.

Rares sont les tests qui mesurent votre enthousiasme. Extrêmement rares sont les fiches de compte-rendu d'entretien qui comportent une rubrique « enthousiasme ». Tout au plus, elles parlent d'intérêt pour le poste.

Dans un monde du travail où déferlent régulièrement des vagues sismiques et où les « tremblements de travail » sont le lot quotidien, l'efficacité, l'intelligence et les connaissances ne servent plus de rempart pour la sécurité de l'emploi.

L'arme absolue pour survivre est bien souvent l'enthousiasme, c'est-à-dire votre capacité de canaliser vos talents et vos aptitudes vers un secteur particulier et dans un poste spécifique.

Votre enthousiasme est déterminant au moins pour quatre composantes essentielles qui vous permettent de réussir votre intégration dans votre nouvel emploi. Votre enthousiasme conditionne votre aptitude à :

* vous adapter plus vite,
* vous intégrer en douceur,
* comprendre rapidement,
* mémoriser avec facilité.

L'enthousiasme est comme l'amour : sans lui, tout est plat.

Ayez à cœur de vous orienter vers des secteurs qui vous enthousiasment, des fonctions qui vous enthousiasment, de négocier des conditions de travail qui vous enthousiasment, de travailler avec des gens qui vous enthousiasment et pour une organisation dont les valeurs, la philosophie, la culture ou le projet vous enthousiasment.

Souvenez-vous que si vous êtes prêt à accepter un emploi qui ne mobilise que 15 % de votre enthousiasme, vous n'emploierez que 15 % de votre énergie pour le rechercher.

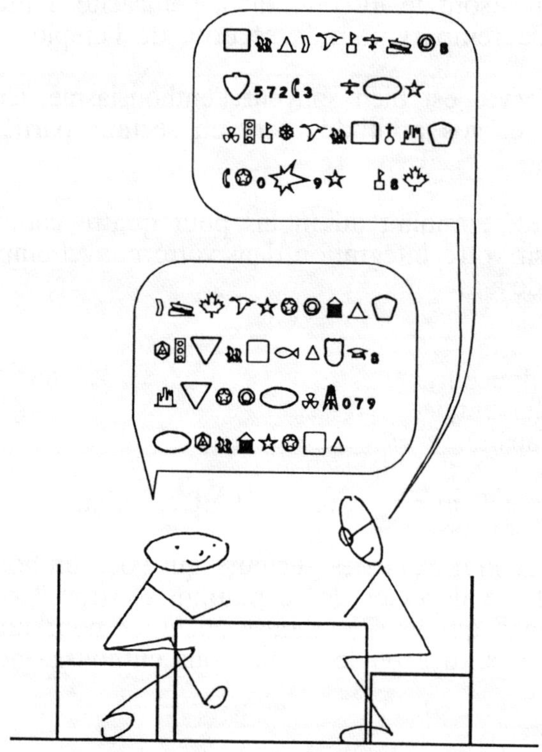

Parlez la même langue que votre interlocuteur.

CHAPITRE VI : LA STRATEGIE DU CANDIDAT PENDANT L'ENTRETIEN

LES MOTS APPROPRIES, LES BONS CHIFFRES

Si vous étiez dans les rues de Djakarta, vous viendrait-il à l'idée de demander votre chemin en français à un Indonésien ?

Vous auriez plus de chance en le questionnant en javanais ou tout au moins en anglais, c'est-à-dire dans une langue locale ou intermédiaire.

Il en va de même en entretien d'embauche. Si vous venez d'un autre secteur ou d'une autre fonction, efforcez-vous d'utiliser des termes et un langage que votre interlocuteur peut comprendre ou mesurer. Voici trois exemples :

* si vous venez du secteur textile et que vous vous adressez à quelqu'un qui est dans le domaine de la mécanique, n'utilisez pas le mot article pour désigner les produits, mais plutôt « pièces » ;
* la « salade » peut être appelée « produit frais », « produit de grande consommation », « produit périssable », « produit agricole », « produit vendu à l'unité » ... ;
* pour désigner les clients on utilise les termes : « client », « chaland », « grand public », « marché institutionnel ».

Soyez également prudents avec les chiffres. Trois dangers vous menacent :

* Si vous n'utilisez aucun chiffre : vous n'êtes pas crédible et tout ce que vous dites peut être remis en question ;

* Si vous utilisez trop de chiffres : vous risquez d'assommer votre interlocuteur et de le voir suffoquer sous vos yeux ;

* Si vous utilisez des chiffres inadéquats : vous pouvez vous torpiller. Faites en sorte que les chiffres que vous choisissez soient adaptés au milieu de votre interlocuteur.

  Par exemple, en face du directeur d'une organisation moyenne dont les ventes à l'exportation sont de 30 millions de francs, ne dites pas que vous avez fait progresser chez un tiers les ventes à l'exportation de 200 à 300 millions de francs. Dites plutôt que vous avez fait progresser les ventes de 50 %.

  Sachez traduire des valeurs absolues en pourcentages ou en indices quand le bon sens vous le dicte.

Suivez trois débats politiques, même si ce domaine ne vous attire pas. Vous vous apercevrez que les politiciens utilisent : soit énormément d'adjectifs et de superlatifs (sans jamais être précis sur les chiffres) pour noyer l'adversaire, soit au contraire des tonnes de chiffres pour noyer l'essentiel.

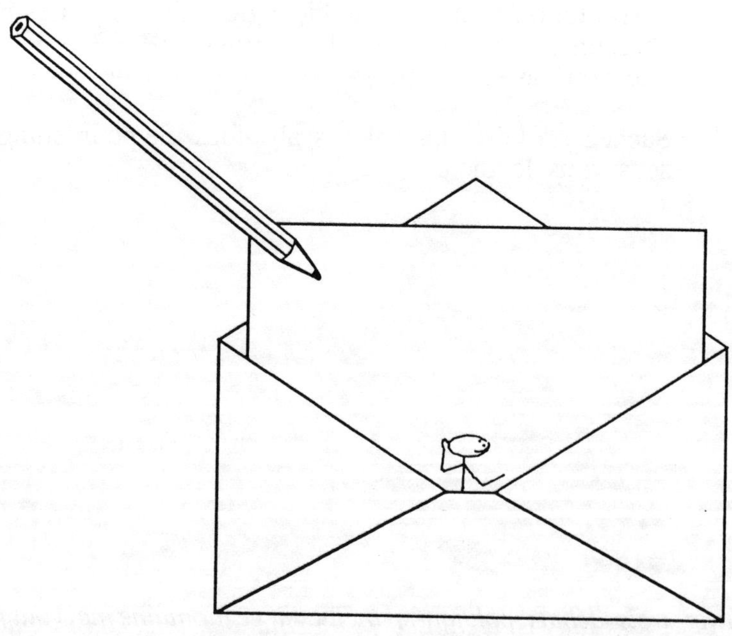

Matérialisez votre accord par écrit.

CHAPITRE VI : LA STRATEGIE DU CANDIDAT PENDANT L'ENTRETIEN
LA CONFIRMATION ECRITE DES PROMESSES

Promesse : « Engagement verbal qui doit être confirmé par écrit »

... sinon ce n'est plus une promesse.

Si vous avez le moindre doute ou si les promesses du recruteur vous semblent quelque peu irréelles, prenez la précaution de les faire confirmer par écrit.

Deux formules sont possibles ; vous pouvez :

1. le faire vous-même ;
2. demander à votre interlocuteur de les inclure dans la proposition écrite ou le contrat qu'il envisage de vous soumettre.

Si vous vous sentez gêné pour aborder ce sujet, utilisez la formule classique qui consiste à dire : « Pour la bonne forme, comment souhaitez-vous que les choses se matérialisent ? Voulez-vous que je vous résume par écrit les termes de notre entretien ou préférez-vous le faire vous-même ? »

Si votre recruteur vous demande de croire en sa parole, ou pire, s'interroge sur votre manque de confiance, ne vous démontez pas.
Dites-lui par exemple : « J'ai pour méthode de travail de toujours consigner les choses importantes par écrit », ou bien : « J'ai tout à fait confiance en vous Madame/Monsieur le recruteur mais vous êtes susceptible d'être promu et votre successeur, qui deviendra mon responsable hiérarchique, ne m'aura rien promis et n'aura aucun document auquel il pourra se référer ».

Chaque fois que vous n'osez pas demander une confirmation écrite, interrogez-vous : « Et si quelqu'un me demandait une confirmation écrite pour des promesses que je lui ai faites, serais-je gêné ou vexé ? »
Agissez en conséquence.

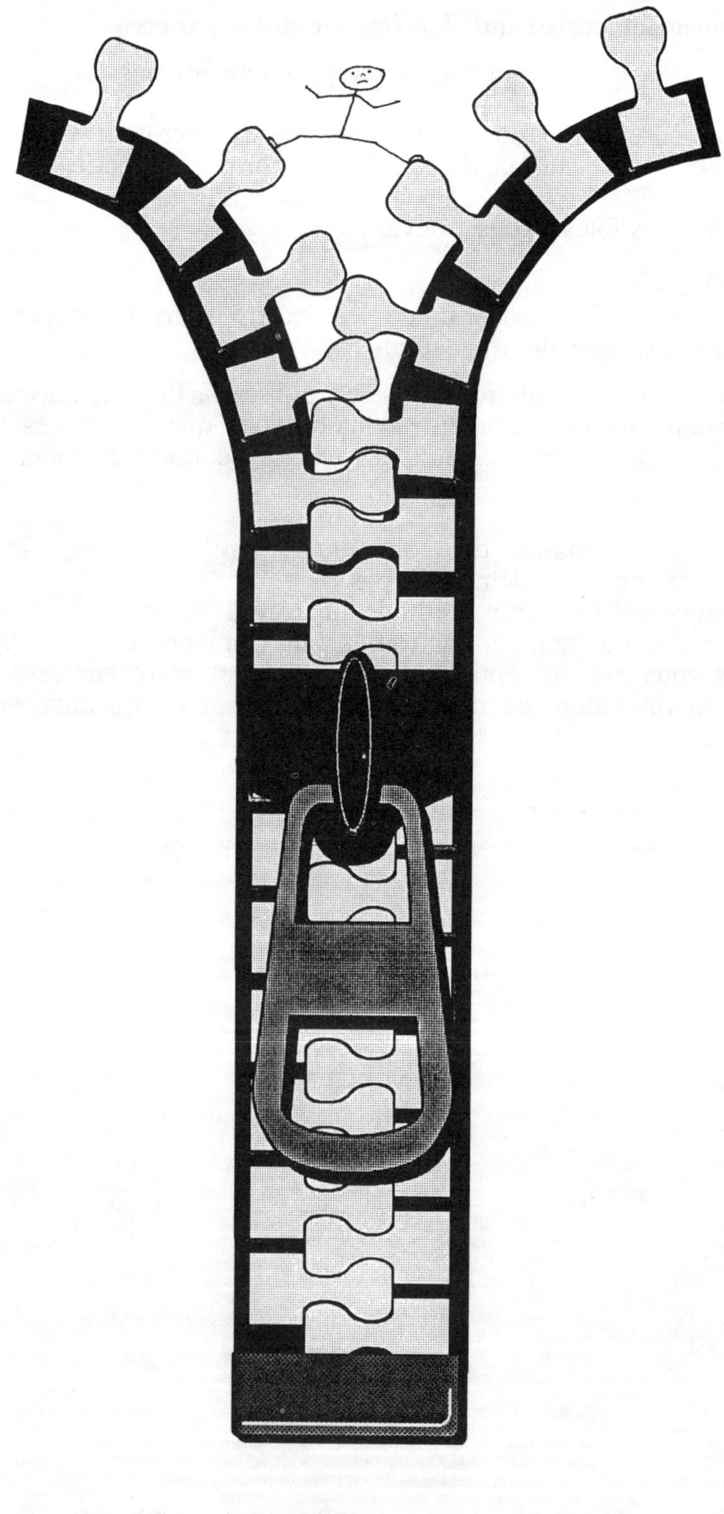

Verrouillez hermétiquement votre entretien.

CHAPITRE VI : LA STRATEGIE DU CANDIDAT PENDANT L'ENTRETIEN
LA CLOTURE DE L'ENTRETIEN

Dans la vie, il y a le « mourir » et la mort. C'est le « mourir » qui est dificile.

Dans les entretiens, il y a la clôture et la fin. C'est la clôture qui est difficile.

Lorsque vous constatez que l'entretien arrive à sa fin, assurez-vous de deux choses :

1. sachez qui a l'initiative du prochain contact,
2. et sous quel délai ce contact doit avoir lieu.

Si cela n'a pas été évoqué pendant l'entretien, vous pouvez par exemple demander :

« Qui de nous deux a l'initiative du prochain contact ? »

Si votre interlocuteur vous répond qu'il vous écrira ou vous téléphonera, demandez-lui ensuite :

« Sous quel délai ? »

Dès qu'il vous donne une date, prenez votre agenda et notez-la sur la page appropriée en confirmant à haute voix :

« Cela nous amène donc au 27 juillet.... »

S'il répond de manière évasive à votre question « sous quel délai », en vous disant, par exemple « bientôt », répétez le mot « bientôt » en fixant votre interlocuteur dans les yeux et restez silencieux tout en lui souriant...

S'il ne vous donne toujours pas de précision, proposez-lui une alternative telle que « deux semaines ou trois semaines ? », puis n'oubliez pas de noter la date choisie dans votre agenda.

Cette formule de clôture d'entretien :

* va laisser de vous une image très professionnelle ;
* incite votre interlocuteur à respecter sa parole ;
* vous donne un point de repère pour une relance éventuelle.

Souvenez-vous :

« Qui a l'initiative du prochain contact ? Sous quel délai ? »
« Qui a l'initiative du prochain contact ? Sous quel délai ? »
« Qui a l'initiative du prochain contact ? Sous quel délai ? »
« Qui a l'initiative du prochain contact ? Sous quel délai ? »
« Qui a l'initiative du prochain contact ? Sous quel délai ? »
« Qui a l'initiative du prochain contact ? Sous quel délai ? »

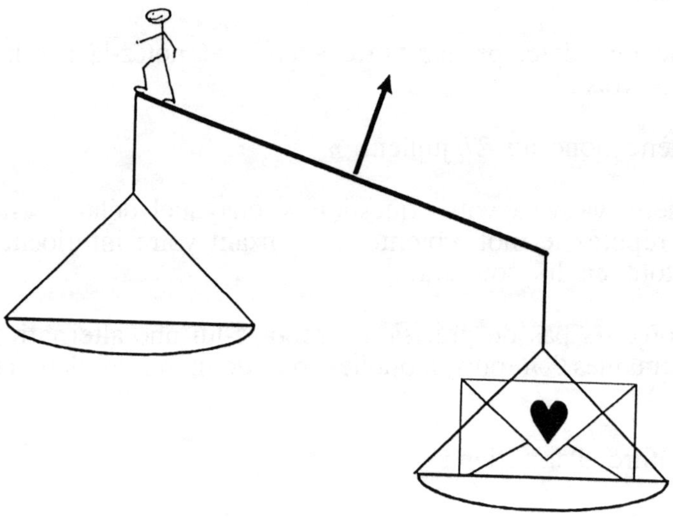

Remerciez souvent après un entretien.

CHAPITRE VI : LA STRATEGIE DU CANDIDAT APRES L'ENTRETIEN

LES REMERCIEMENTS

Elle : « Je n'en reviens pas, le candidat m'a remercié ! »
Lui : « Eh ! oui. Ce n'est pas fréquent de nos jours ! »

(Conversation entre deux responsables de recrutement)

Est-il opportun d'envoyer une lettre après un entretien d'embauche ?

La réponse est à la fois négative et positive.

* N'écrivez pas pour ne rien dire. Une lettre du genre : « Je serai ravi de travailler pour vous et j'espère vivement que vous retiendrez ma candidature... » doit être bien tournée pour être efficace. D'un côté elle peut montrer votre détermination et votre motivation. D'un autre côté - si elle est maladroite - elle peut faire croire que vous vous raccrochez désespérément à cette organisation comme à votre seule planche de salut.

* Par contre vous pouvez, sans risque, envoyer une lettre dans laquelle vous précisez, en leur donnant beaucoup d'authenticité et en les étayant, les raisons profondes qui vous attirent dans ce poste ; complétez votre lettre en citant une ou deux réalisations qui montrent que vous êtes la femme ou l'homme de la situation.

Calculez le nombre de mots ou cartes de remerciements (ou d'appels téléphoniques vous remerciant) que vous avez reçus au cours des 12 derniers mois.
Dépassez-vous le nombre 10 ?

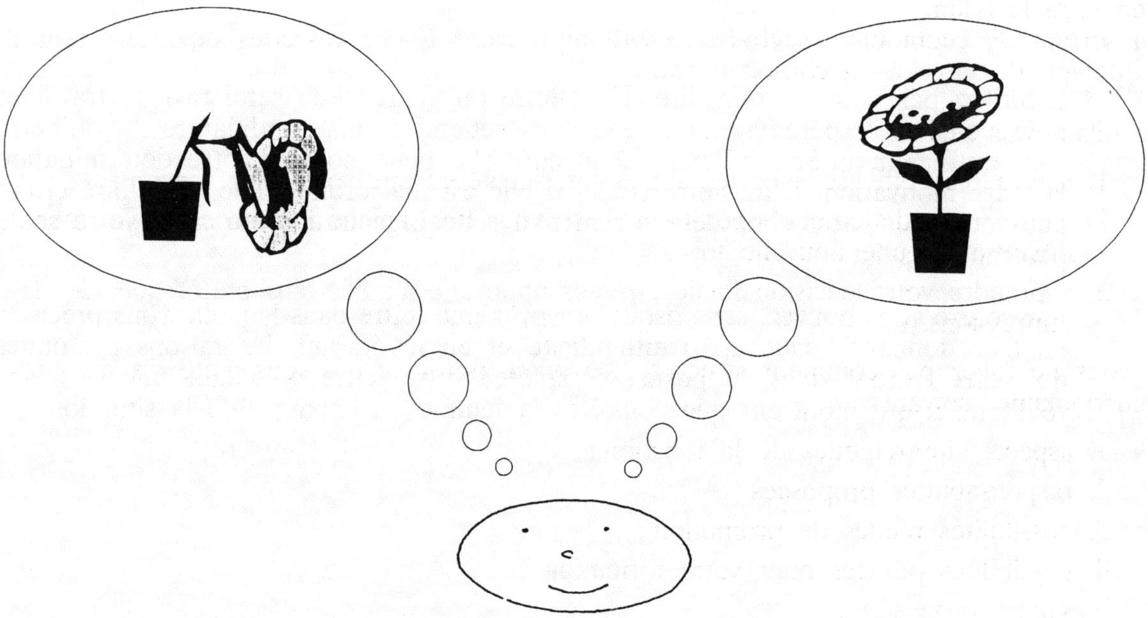

Dressez chaque fois le bilan de l'entretien.

CHAPITRE VI : LA STRATEGIE DU CANDIDAT APRES L'ENTRETIEN

LE BILAN DE L'ENTRETIEN

Lui : **« Aimez-vous rédiger des comptes rendus de visite ? »**
Le vendeur : « Non ».
Lui : **« Pensez-vous que ce soit utile ? »**
Le vendeur : « Oui ».

Ayant clairement défini ce que vous attendez d'un entretien, vous êtes à même, à l'issue, d'en faire le bilan.
En sortant de réunion vous confierez vos impressions à une cassettes ou à une feuille de papier, de façon à en conserver trace.

Ce bilan vous servira :

1. à être plus efficace avec les autres interlocuteurs que vous allez rencontrer ;
2. à être immédiatement opérationnel si vous êtes amené à rencontrer la même organisation une nouvelle fois ;
3. à prendre votre décision finale en vous appuyant sur des faits plutôt que sur des impressions.

Si vous ne savez pas comment structurer ce bilan, notez ce qui vous a été dit dans les cinq domaines suivants :

1. aspects hiérarchiques de la fonction ;
2. responsabilités proposées ;
3. possibilités réelles de promotion ;
4. possibilités offertes pour votre formation ;
5. salaire proposé.

N'oubliez pas également de noter les noms et titres des personnes rencontrées, ainsi que ce qui a été convenu pour la suite des événements.

Préparez une fiche baptisée « bilan-flash » et divisez-la verticalement en deux parties.
Dans la partie de gauche, faites la liste des critères qui vous paraissent essentiels pour choisir un nouvel emploi (10 critères au maximum).
Après chaque entretien, donnez une note à chacun de ces critères. Cette note doit impérativement être comprise entre 1 (très mauvais ou absent), 2, 3 et 4 (excellent).

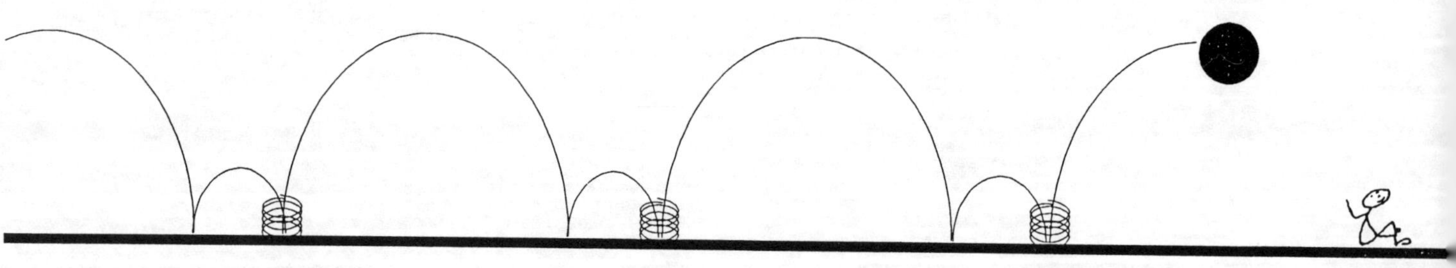

Relancez sans jamais être demandeur.

CHAPITRE VI : LA STRATEGIE DU CANDIDAT APRES L'ENTRETIEN

LA RELANCE

Pour relancer : moins vous en direz... mieux vous vous porterez.

Lorsque vous quittez votre interlocuteur en fin de rendez-vous, convenez de deux choses : l'initiative du prochain contact et le moment où cela doit se faire. Si votre interlocuteur choisit d'avoir l'initiative mais ne vous fait pas signe dans les délais promis, attendez trois jours ouvrables et manifestez-vous.

Deux méthodes sont envisageables : téléphoner ou écrire.

* Vous pouvez téléphoner au secrétaire de votre interlocuteur (mais surtout pas à votre interlocuteur, vous risquez de passer un nouvel entretien par téléphone) et demander où en sont les choses :

- si la réponse est partie, faites-vous lire la copie au téléphone ;
- si rien n'a encore été expédié, demandez quand cela doit être fait. Annoncez, le cas échéant, que vous rappellerez sous 48 heures. Souriez, saluez et raccrochez.

Surtout, ne laissez transparaître ni votre impatience ni votre amertume. Soyez aimable et souriant (oui, le sourire s'entend au téléphone !).
Voici quatre règles d'or ; si vous les respectez elles vous éviteront tout faux pas.

1. Préparez le texte de votre intervention par écrit.
2. Ne dites pas que vous êtes pressé par le temps, ni à la veille de donner une réponse à tel ou tel autre employeur qui vous aurait fait une offre.
3. Ne soyez pas gêné. Ce n'est pas à vous de vous excuser si le délai fixé n'a pas été respecté.
4. Provoquez des silences au téléphone. Cela déclenche beaucoup de choses.

* Vous pouvez envoyer une lettre pour effectuer l'une des trois relances suivantes :

- une relance directe : dans laquelle vous reprenez contact « comme convenu » avec votre interlocuteur en lui demandant où « il en est » dans le processus de décision. N'utilisez surtout pas cette lettre pour le mettre en accusation en lui rappelant ses engagements. Restez neutre.

- une relance classique : en envoyant une lettre du style « Votre courrier a dû s'égarer et nous étions convenu de nous contacter à la fin du mois... »

- une relance originale : en expédiant la photocopie d'un article trouvé « accidentellement » et qui correspond à l'un des sujets couverts au cours de votre dernier entretien. Cette photocopie sera accompagnée d'une carte de visite portant un texte du genre : « Article trouvé par hasard et qui je pense, vous intéressera. » Les Espagnols appellent cette méthode « indirecta »... Elle est efficace et le message passe bien...

Regardez les programmes de votre chaîne de télévision favorite. Combien de fois par jour essaye-t-elle de vous « verrouiller » en vous annonçant les merveilleux spectacles qu'elle va vous présenter ?

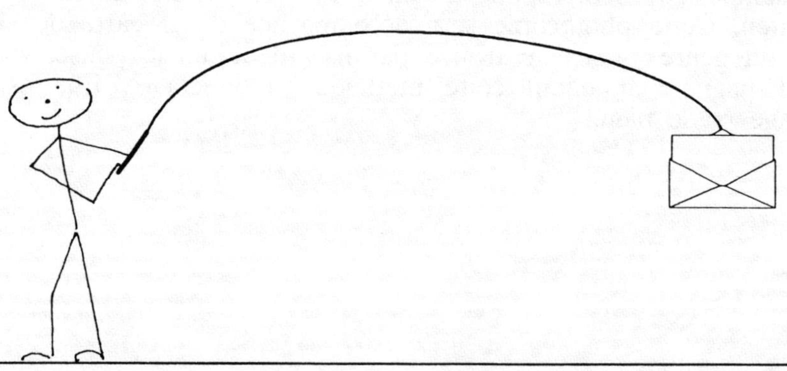

Reportez votre décision sans risquer la rupture.

CHAPITRE VI : LA STRATEGIE DU CANDIDAT APRES L'ENTRETIEN

LE DELAI POUR DONNER VOTRE REPONSE

« Après tout, la chose la plus difficile de ma campagne a été de gérer les propositions d'embauche que j'ai reçues. Ah ! si elles étaient toutes arrrivées en même temps ! »

(Un candidat à la fin de sa campagne)

Au cours des entretiens que vous obtenez, ne vous enfermez pas dans une ou des dates. Evitez de dire à votre interlocuteur que vous voulez prendre votre décision avant le « 17 mars » ou que vous avez d'autres propositions auxquelles vous devez répondre avant le « 8 avril » ...

Si l'organisation vous fait une proposition et vous demande de lui communiquer votre réponse sous 24 à 48 heures et que vous teniez absolument à prolonger ce délai, vous pouvez utiliser l'une des méthodes suivantes :

* au cours de l'entretien, faites sentir à votre interlocuteur que vous ne recherchez pas un job mais êtes en train de négocier un virage de carrière. De ce fait, vous avez décidé de vous donner tout le temps nécessaire pour prendre votre décision ;

* dès que l'organisation vous contacte et vous demande de répondre rapidement, dites-lui que vous allez le faire, mais évitez de mentionner un délai.
  Si l'organisation insiste et vous impose un délai de réponse (par exemple sous 24 à 48 heures) : dites-lui que sa proposition vous intéresse fortement et que votre décision est quasiment prise en sa faveur (si c'est le cas !). Ajoutez que vous souhaitez néanmoins lui communiquer votre réponse sous deux semaines (date à laquelle vous aurez en main les propositions des différentes organisations que vous avez contactées). Entraînez-vous à le dire pour pouvoir le faire avec naturel le moment venu.

Souvenez-vous d'une occasion où vous avez été enfermé dans un délai. Qu'avez-vous ressenti ? Avez-vous pu vous en dégager ?

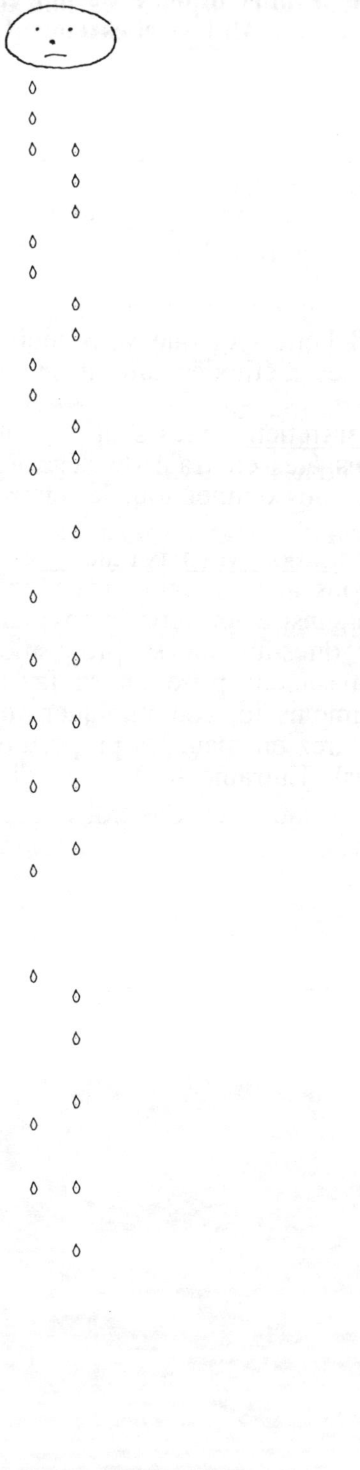

Traitez les refus avec doigté.

CHAPITRE VI : LA STRATEGIE DU CANDIDAT APRES L'ENTRETIEN

LE REFUS

« Que les femmes donnent ou refusent, elles sont toujours heureuses qu'on leur demande ».

(Ovide)

« Les hommes aussi... »

(N.D.L.R.)

Il peut arriver, après un entretien, que la décision de l'organisation soit négative à votre égard ou qu'au contraire elle vous fasse une proposition que vous êtes amené à décliner.

* Si la décision de l'organisation est négative et décline votre candidature.

Ecrivez-lui. Dans votre lettre, faites référence à ce refus et remerciez-la d'avoir pris votre candidature en considération.
Bien qu'un autre candidat ait été choisi, vous avez failli l'emporter ; cela prouve que votre profil l'intéressait.
Souvenez-vous que le candidat retenu ou l'organisation risquent de changer d'avis pendant la période d'essai !
La place redeviendrait alors libre !
Une organisation ose revenir vers ceux qui laissent un pont... par exemple une lettre de remerciement.

* Si la décision de l'organisation est positive et que vous souhaitiez la décliner.

Rédigez une lettre dans laquelle vous vous référez à sa proposition. Dites-lui que son offre vous honore. Puis annoncez votre refus en l'étayant de la ou des raisons qui motivent votre décision. Enfin, terminez votre lettre en souhaitant à votre correspondant de pouvoir trouver et recruter rapidement la personne qu'il recherche. Ajoutez que vous souhaitez vivement rester en contact avec lui car beaucoup de choses semblent vous rapprocher.

En psychiatrie, un « acte manqué » consiste, entre autres, à oublier un objet dans un endroit où l'on souhaite inconsciemment revenir. Quand ça marche c'est un « acte manqué réussi ! »
Cela vous est-il arrivé ?
Ne pas couper les ponts c'est un « acte manqué » conscient... qui réussit parfois.

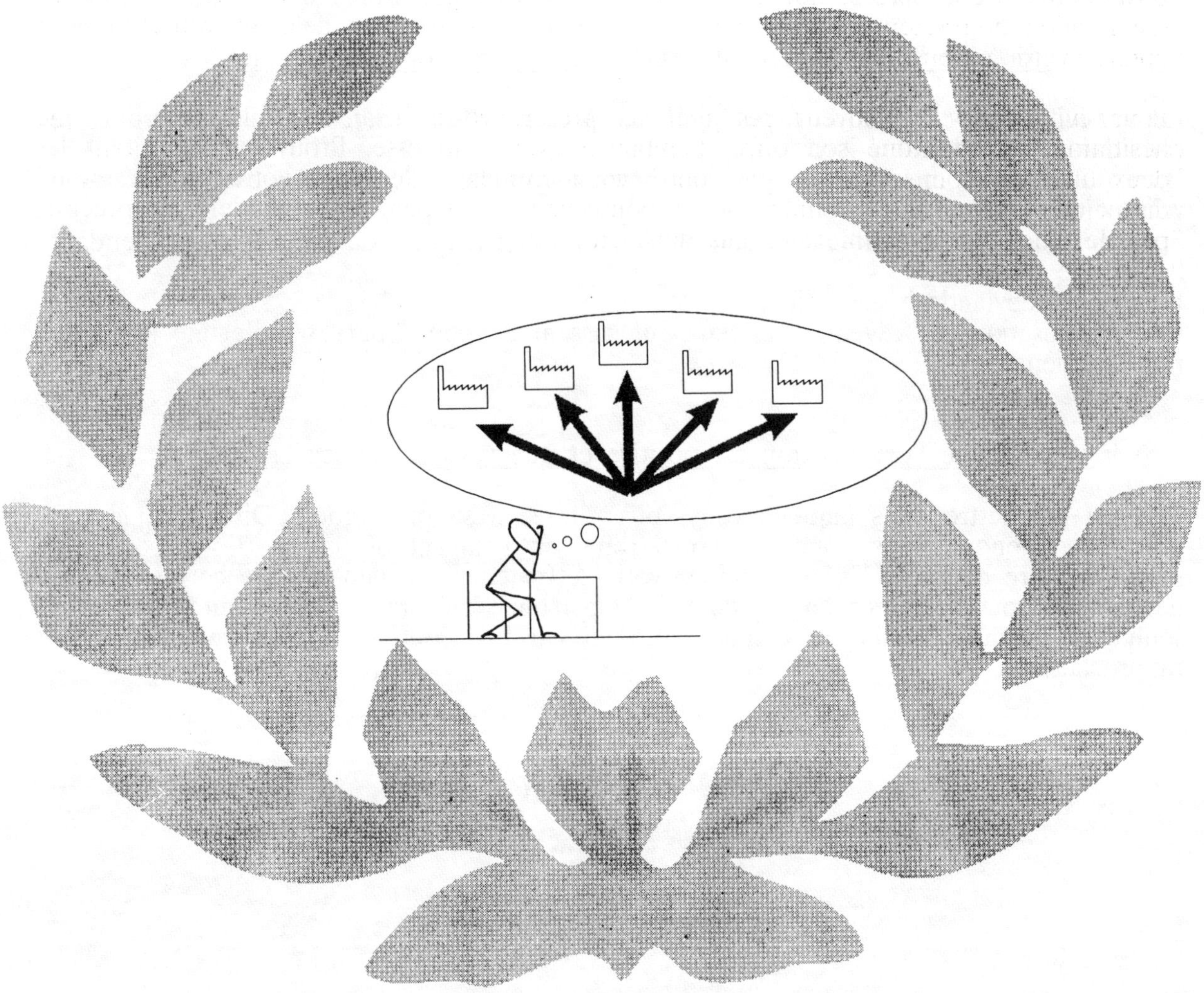

Triez les propositions et retenez la bonne.

CHAPITRE VI : LA STRATEGIE DU CANDIDAT APRES L'ENTRETIEN

LE CHOIX ENTRE PLUSIEURS PROPOSITIONS

« Votre vraie liberté commence lorsque vous pouvez choisir entre deux choses ».

(Richard Bolles)

En fait, le vrai choix ne consiste pas à choisir entre ne rien faire ou travailler, mais plutôt entre travailler pour une organisation X ou travailler pour une organisation Y.

Si le poste qui vous est proposé vous intéresse n'hésitez pas à le dire.

A la notion de choix est nécessairement liée celle d'hésitation... mais aussi le sacrifice (de l'option non retenue). Vous aurez souvent envie d'avoir un délai de réflexion pour donner votre réponse.

Pour éviter que l'employeur potentiel ne prenne votre délai de réflexion pour une hésitation, dites-lui que son offre d'embauche vous intéresse. Prouvez-le en citant les deux ou trois points positifs que vous avez identifiés et terminez votre phrase en lui disant que vous allez lui donner votre réponse finale sous peu. Soyez prudent, ne précisez pas de date. Ne vous enfermez pas dans un délai !

Il est toujours possible d'obtenir une proposition pour un job inintéressant. Tous les journaux comportent des annonces attrape-nigauds. Sachez parfois être le nigaud (pour un temps).

En obtenant une proposition pour un emploi qui ne vous intéresse pas, vous aurez :

1. *Une planche de salut, un « job oreiller » ou un « job de repli » utile si, soudainement, tout va mal pour vous ;*
2. *Une référence salaire. On vous propose souvent des salaires mirifiques pour des postes qui ne vous intéressent pas ;*
3. *Un facteur de dynamisation : pour échapper à ce « job de repli » vous investirez plus d'énergie pour rechercher ce qui vous intéresse vraiment.*

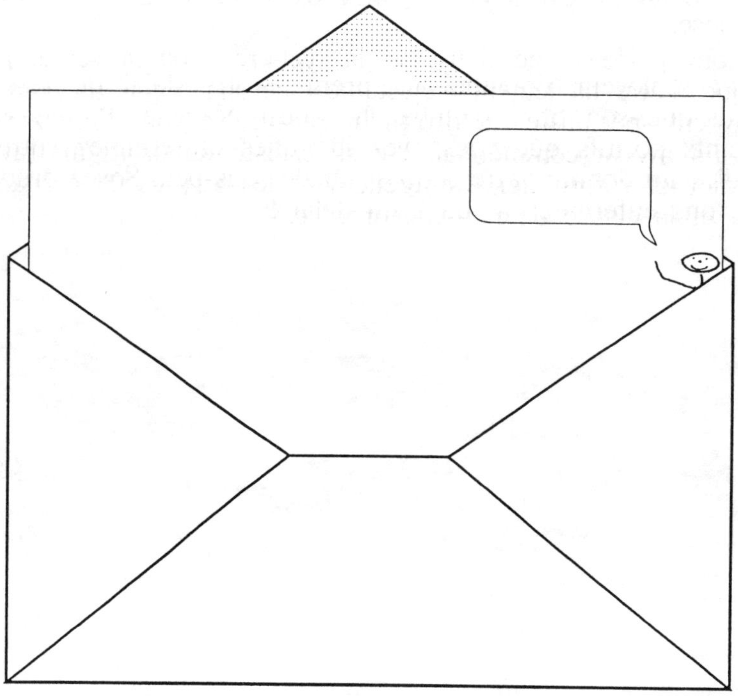

Confirmez ou faites confirmer les belles promesses par écrit.

CHAPITRE VI : LA STRATEGIE DU CANDIDAT APRES L'ENTRETIEN

LA CONFIRMATION ECRITE

« Les paroles s'envolent, les écrits restent ».

Si l'organisation vous fait une proposition intéressante que vous avez décidé d'accepter, confirmez votre acceptation par lettre ; si l'organisation vous expédie une proposition de contrat en double exemplaires signez-les et retournez-en un. Dans les deux cas prenez soin d'expédier votre courrier en recommandé.

Si vous envoyez une lettre d'accord, son contenu doit être simple : référez-vous à la proposition qui vous a été faite, précisez la date à laquelle vous débuterez, incluez les données sur votre salaire mensuel ou annuel, le nombre de mois payés par an, les avantages divers ... et enfin, exprimez le plaisir que vous avez à rejoindre leurs rangs.

Pour des professions parfois « périlleuses » (la recherche ou la vente...) ou pour celles dont le siège risque d'être facilement « éjectable » ne signez pas un contrat sans le faire vérifier par un avocat spécialiste du droit du travail. Ne vous limitez pas à un avocat quelconque, ni à un avocat commercial. Un spécialiste du droit du travail sera le plus qualifié pour étudier et reformuler éventuellement les articles concernant, entre autres, la période d'essai et la clause de non-concurrence.

Demandez à votre entourage trois à cinq lettres de promesse ou contrats d'embauche. Faites-en des photocopies et analysez-les pour ne pas être pris au dépourvu le jour J.

Concentrez-vous sur les 4 questions de base du recruteur.

CHAPITRE VII : LES QUESTIONS (DU RECRUTEUR)

LES 4 QUESTIONS DE BASE

Lui : « Il m'a dit..., je lui ai répondu. Il m'a demandé ..... je lui ai rétorqué. Il m'a questionné... je lui ai précisé... ».

Elle : « Mais toi, chéri, qu'as-tu posé comme questions ? »

En entretien vous êtes surtout jugé sur les questions que vous posez plutôt que sur les réponses que vous apportez.

Pensez donc à poser des questions pertinentes. Préparez-vous également à répondre à celles du recruteur ; toutes ses questions peuvent se ramener à une question de base : « Parlez-moi de vous ».
En vous posant cette question, le recruteur ne cherche pas nécessairement à vous déstabiliser, mais vous demande en fait :

1. « Qui êtes-vous ? »
2. « Pourquoi êtes-vous là ? »
3. « Que pouvez-vous m'apporter ? »
4. « Combien allez-vous me coûter ? »

* A la question « Qui êtes-vous ? » : montrez que vous savez comment vous fonctionnez et que vous avez identifié ce qui vous plaît.

* A la question « Pourquoi êtes-vous là ? » : expliquez que vous n'êtes pas là par hasard et expliquez pourquoi vous avez choisi ce type de poste, d'organisation et de secteur.

* A la question « Que pouvez-vous m'apporter ? » : démontrez que vous êtes la femme ou l'homme de la situation en présentant des réalisations concrètes que vous avez menées à bien pour chacun des problèmes qui vous sont exposés ou pour chacune des tâches du poste qui est à pourvoir.

* A la question « Combien allez-vous me coûter ? » : restez silencieux et souriez d'une façon détendue.

Dans votre dernier emploi ou dans votre emploi actuel que répondez-vous si l'on vous demande :

1) Qui êtes-vous ?
2) Pourquoi occupez-vous ce poste ?
3) Quelle est votre contribution nette (votre apport moins votre coût) ?

7 02

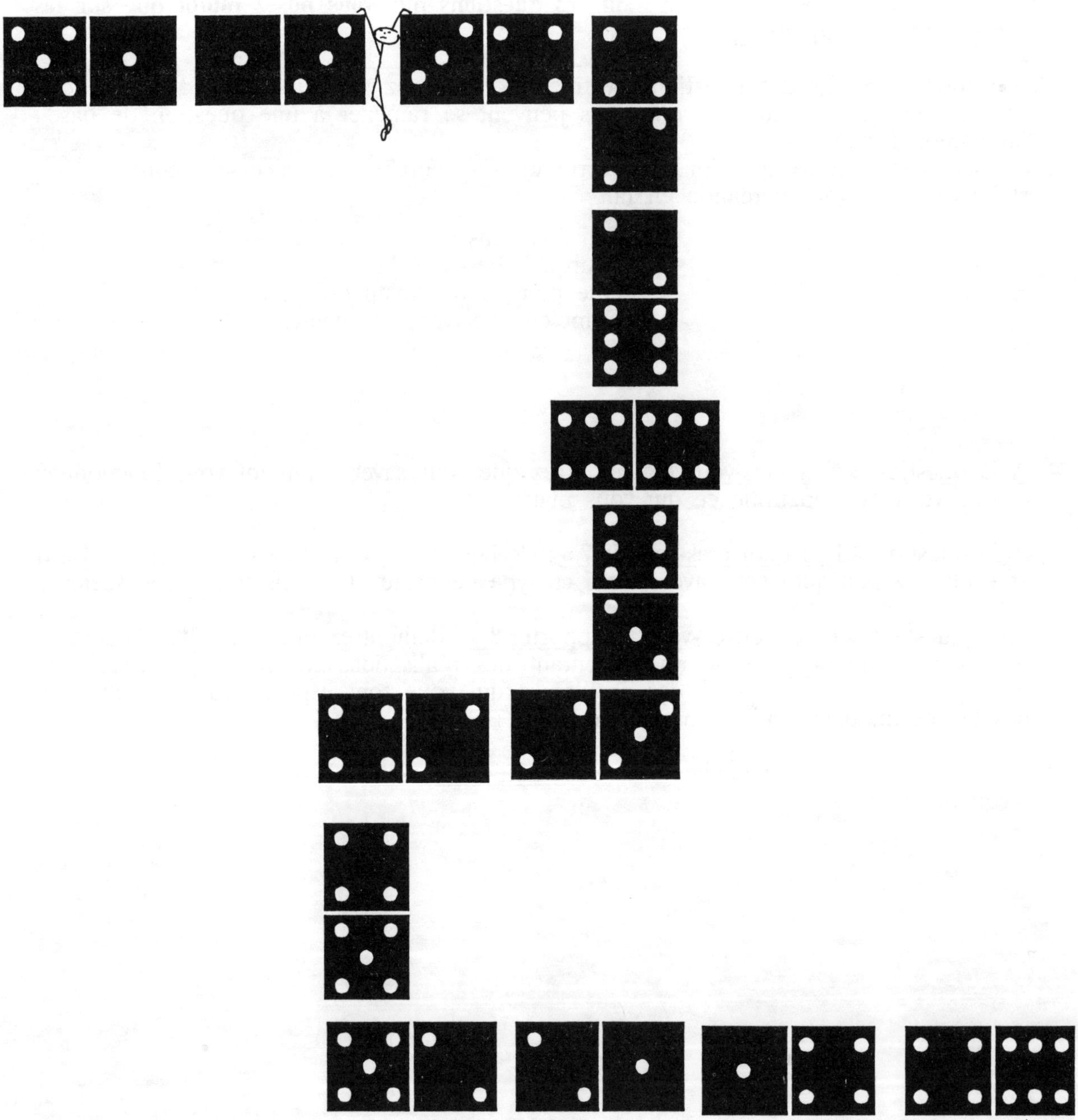

Découvrez les 14 questions les plus fréquentes en entretien.

CHAPITRE VII : LES QUESTIONS (DU RECRUTEUR)

LES 14 QUESTIONS LES PLUS FREQUENTES

« Aux examens on nous pose toujours des questions dans des domaines qu'on ne connaît pas et jamais dans ceux qu'on connaît bien ».

(Winston Churchill)

1. Parlez-moi de votre expérience professionnelle (de vos anciens postes, employeurs...)
2. Que désirez-vous gagner ? Quelles sont vos prétentions de salaire ? Combien gagniez-vous dans votre précédent emploi ?
3. Quelles sont vos activités extra-professionnelles (sports, lecture, violon d'Ingres...) ? Comment passez-vous vos vacances ?
4. Etes-vous prêt à voyager ? Acceptez-vous de vous déplacer fréquemment ?
5. Quelle est votre situation de famille ? Que font votre conjoint et vos enfants ? Quel âge avez-vous ?
6. Quelles sont vos capacités de commandement ? Avez-vous déjà dirigé des hommes ?
7. Pourquoi voulez-vous (avez-vous) quitter (é) votre (dernier) employeur ?
8. Aimez-vous le travail en groupe ? Comment vous insérez-vous dans une équipe ?
9. Comment vous jugez-vous ? Quelles sont vos plus grandes qualités et vos plus grands défauts ?
10. Etes-vous prêt à déménager pour ce poste ? Etes-vous prêt à changer de résidence tous les 2 à 4 ans ?
11. Quel est votre plan de carrière ? Quels sont vos objectifs à court, moyen et long terme ? Que voulez-vous devenir dans notre société ?
12. Quelles sont parmi vos aptitudes et expériences celles qui vous permettent de penser que vous réussirez dans un tel emploi ?
13. Que savez-vous de nous ? De notre société ? De nos produits ? De notre marché ? De nos clients ? De nos concurrents ?
14. Quelle est votre formation ? Jusqu'à quand avez-vous fait des études ? Avez-vous suivi un cycle de formation permanente ?

Faites l'inventaire de toutes les questions qui vous embarrassent ou qui ont des chances de vous être posées en entretien.

Recopiez chacune d'entre-elles au recto d'un petit carton.

Notez au dos (verso) de ces cartons la ou les réponses que vous allez utiliser.

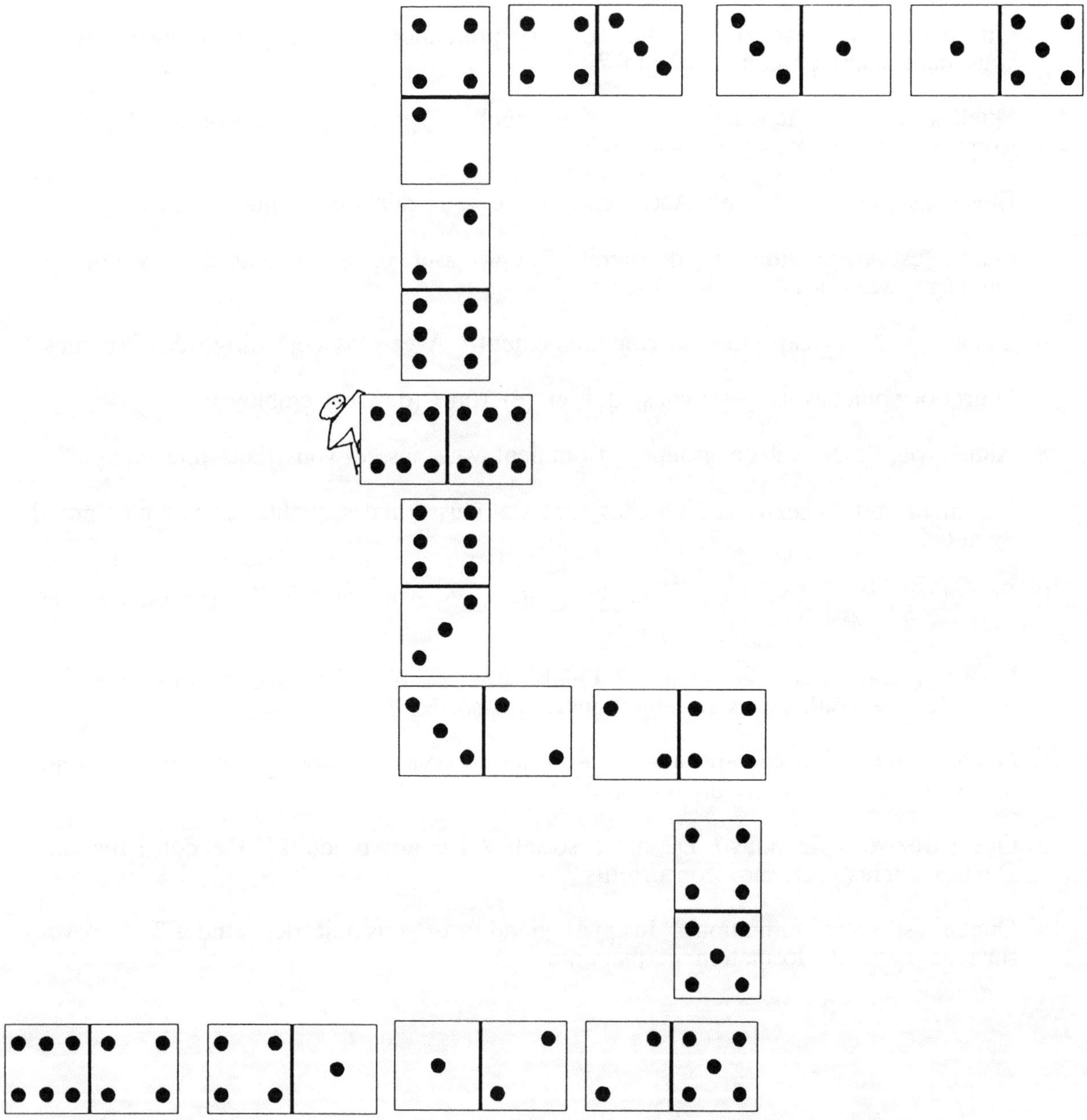

Repérez les 14 autres questions fréquentes en entretien.

CHAPITRE VII : LES QUESTIONS (DU RECRUTEUR)

LES 14 AUTRES QUESTIONS

Le recruteur : « Parlez-vous de moi ? Euh ! Pardon ! Parlez-moi de vous ! »

15. Quand êtes-vous disponible ? Quelle est votre activité actuelle ?

16. Avez-vous une voiture ? Savez-vous conduire ?

17. Etes-vous fait pour ce poste ? Qu'est-ce-qui vous attire dans cet emploi ? Dans ce métier ? Dans notre société ?

18. Parlez-vous des langues étrangères ? Quel est votre niveau ? Avez-vous vécu dans les pays dont vous parlez les langues ? Quels journaux étrangers lisez-vous ?

19. Comment acceptez-vous la hiérarchie ?

20. Quelles expériences ont le plus contribué à la formation de votre personnalité ? Quelles ont été vos plus grandes difficultés ou joies dans le passé ?

21. Aimez-vous les responsabilités ? Quelles ont été vos plus grandes responsabilités (budget, hommes...) ?

22. Quel est votre statut militaire ?

23. Pourquoi avoir porté votre choix sur une grande ou une petite société ? Pourquoi êtes-vous attiré par une société régionale, nationale, multinationale ?

24. Pourquoi et comment pensez-vous contribuer positivement au développement de notre société ?

25. Quel est votre style de travail ?

26. Pourquoi nous avez-vous écrit spontanément ? Pourquoi avez-vous répondu à notre annonce ?

27. Quelles sont les autres organisations que vous avez contactées ? Avez-vous d'autres offres ?

28. Parlez-moi de vous.

Faites le même exercice que celui de la page précédente.

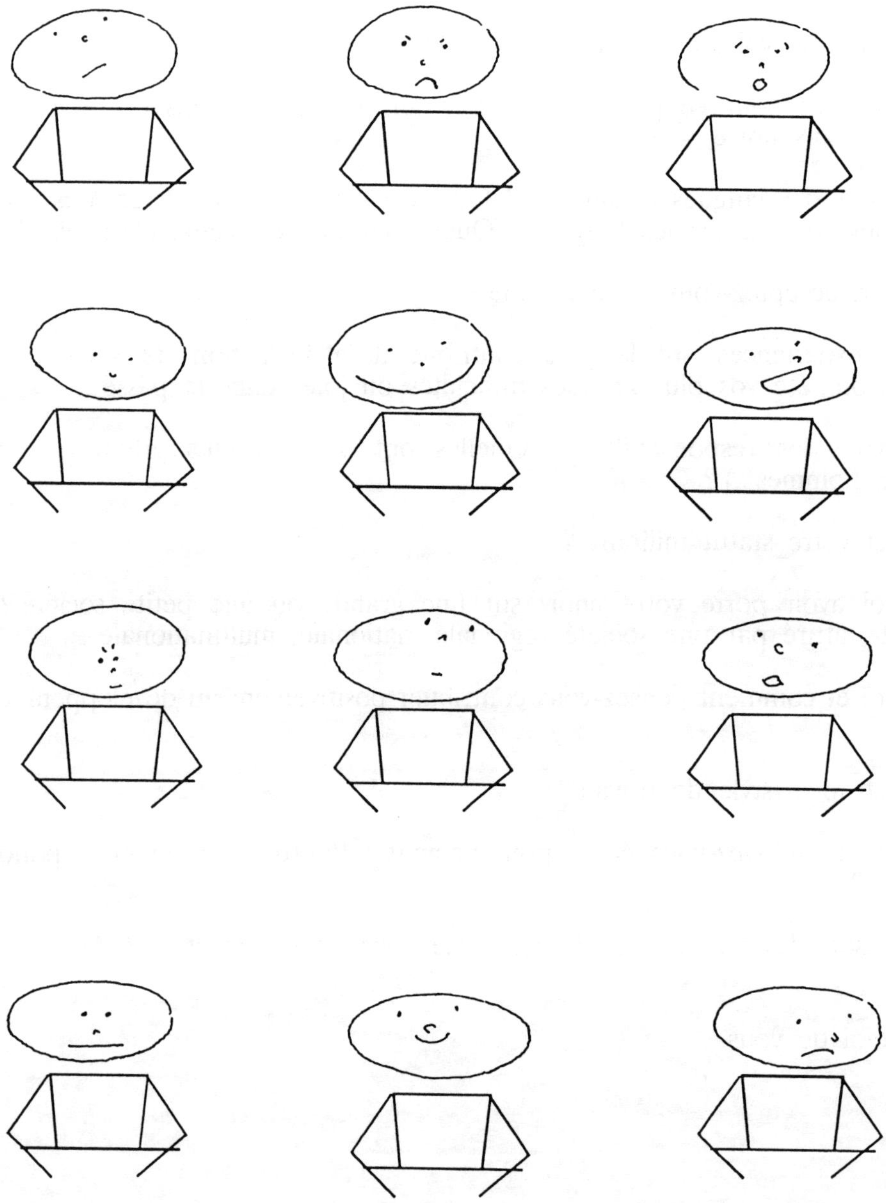

Contrôlez-vous face à des questions indiscrètes.

CHAPITRE VII : LES QUESTIONS (DU RECRUTEUR)

LES QUESTIONS INDISCRETES

« Ce ne sont pas les questions qui sont indiscrètes, mais les réponses ! »

(Sir Winston Churchill)

Si la question « indiscrète » est posée sciemment par le recruteur, elle n'a pas nécessairement comme but de découvrir des informations « top secret », mais simplement de voir comment vous vous comportez. Votre attitude est plus importante que le contenu de votre réponse.

Telle question qui vous semble anodine peut être perçue comme terriblement gênante par le candidat qui vous a précédé. Par contre, vous risquez d'être torturé par une question jugée banale par le candidat qui vous suit.

Pour pouvoir faire face à des questions indiscrètes procédez en trois temps.

1) Faites la liste de toutes les questions qui vous semblent gênantes ou embarrassantes.

2) Reprenez chacune d'entre-elles et décidez, si elles venaient à vous être posées en entretien, ce que vous souhaitez faire ou dire. Par exemple :

   * répondre,
   * répondre de manière déviée : « Je ne vois pas tout à fait le lien entre votre question et le poste à pourvoir »,
   * repousser votre réponse par une question : « Votre question me semble pertinente. Me serait-il possible d'y répondre un peu plus tard »,
   * refuser de répondre : « Je trouve que votre question appelle une réponse que je préfère ne pas vous donner », « Je trouve votre question un peu délicate ! »,
   * répondre par le silence : ...
   * répondre par une phrase toute prête : « Votre question est inattendue mais pertinente » ... puis sourire et rester silencieux.

3) En entretien restez calme et considérez toute question indiscrète comme un jeu ou comme une provocation de la part de votre interlocuteur. Traitez-la avec le sourire, sans ironie, ni agressivité.

Le meilleur vaccin face aux questions indiscrètes est d'en poser soi-même et d'oser rester de marbre.

Essayez !

7 08

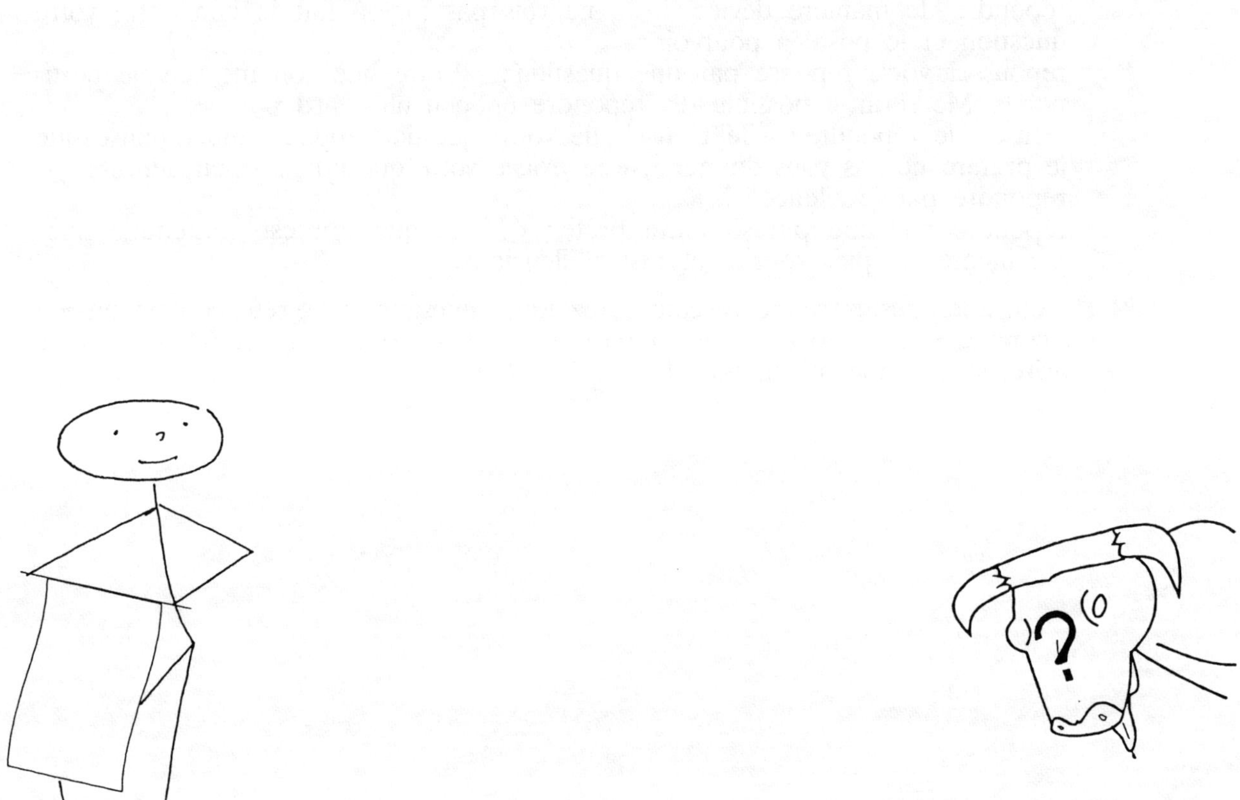

Contrôlez-vous face aux questions embarrassantes.

CHAPITRE VII : LES QUESTIONS (DU RECRUTEUR)

LES QUESTIONS EMBARRASSANTES

L'enfant : « Pourquoi réponds-tu toujours à une question par une autre question ? »
Le père : « Pourquoi pas ? »

Le rythme des questions d'un recruteur ressemble à celui du vent sur les flots : des risées passagères, des rafales successives, de grandes accalmies, un vent force 7 continu, une bise perverse et enfin, des alizés réguliers et soutenus.

Face à cela ? Naviguez ! Montez au vent. Réduisez la voilure. Affalez...

Aux questions agressives, gênantes ou embarrassantes d'un recruteur, opposez le calme, comme s'il s'agissait d'une provocation. En adoptant cette attitude vous ne perdez jamais votre sang-froid.

Or, c'est précisément le déséquilibre ou votre perte de contrôle que le recruteur recherche dans la majorité des cas lorsqu'il vous pose une question embarrassante. Il ne le fait pas par cynisme, mais simplement pour mesurer votre équilibre et votre capacité à gérer des situations difficiles.

Le contenu de votre réponse l'intéresse bien moins que la façon dont vous vous comportez. Piquez-vous un fard ? Vous rongez-vous les ongles à cet instant précis ? Vous mordez-vous les lèvres ? Enroulez-vous vos jambes aux pieds de votre chaise ? Toussez-vous ? ... C'est plutôt ce genre de signe qu'il recherche. N'apportez pas d'eau à son moulin.

Si vous pratiquez un sport, réagissez en entretien exactement comme vous le feriez sur le terrain. Face à de gros vents, les navigateurs changent de voiles ; face à des balles molles, les joueurs de tennis coupent ; face à une contre-attaque, les joueurs de football se replient.

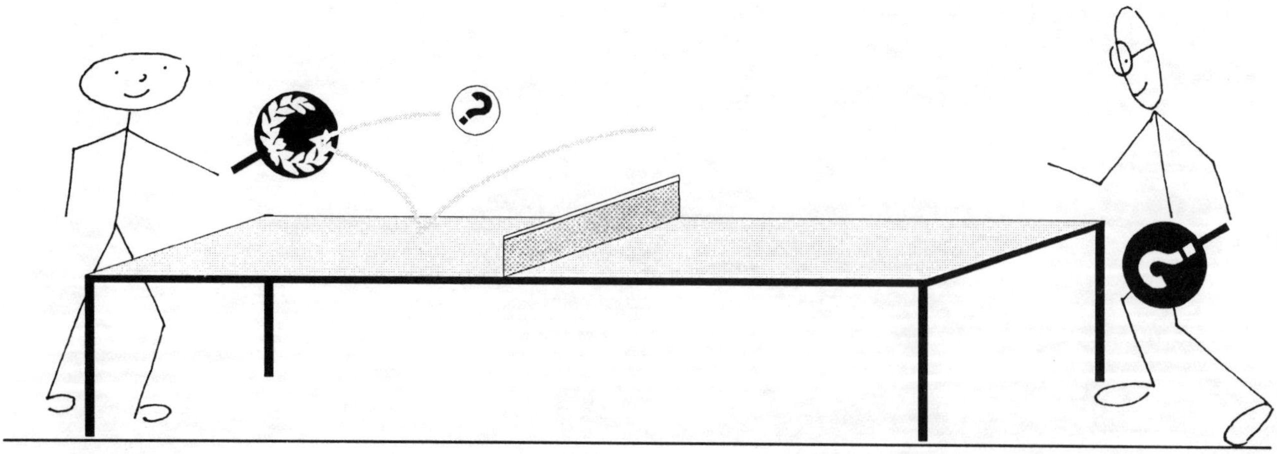

Parlez de vous en répondant par une question.

CHAPITRE VII : LES QUESTIONS (DU RECRUTEUR)

« PARLEZ-MOI DE VOUS »

Le premier psychanalyste : « Bonjour, cher confrère, comment vais-je ? »

Le second psychanalyste : « Pas mal, merci. Et moi ? »

Il y a deux ou trois questions qui peuvent être meurtrières. « Parlez-moi de vous » en est une.

Lorsque cette question est posée, certains candidats parlent sans interruption durant cinq à dix minutes. Une véritable diarrhée verbale ! D'autres se bloquent, rougissent, bégaient, transpirent et perdent tous leurs moyens.

Face à cette question vous disposez au moins de quatre stratégies pour bien vous en sortir. Commencez par dire : « Oui, avec plaisir ». (Qui n'aime pas parler de soi ?) ou « Volontiers ».

Puis cherchez à obtenir des précisions sur ce qui intéresse le recruteur en demandant :

> « Quel point particulier souhaitez-vous que je développe ? »

Ou bien

- « Souhaitez-vous que je vous parle de moi depuis le début de ma carrière ? »
- « Ou en commençant par ma dernière expérience ? »
- « Ou enfin que je vous parle de mes principales réalisations ? »

Ou bien

- « Souhaitez-vous que je vous décrive ma vie professionnelle ? »
- « Ma vie privée ? »
- « Ou les deux ? »

Ou enfin

- « Souhaitez-vous une description très complète et détaillée ? »
- « Ou plutôt un bref descriptif de ma formation et de mes expériences professionnelles et que je développe ensuite les points susceptibles de vous intéresser ? »

Quel que soit le choix fait par le recruteur, ne parlez jamais plus de deux minutes. Puis, concluez votre présentation en demandant : « Ai-je répondu à votre question ou y-a-t-il un point spécifique que vous souhaitez que je développe ? »

Testez à blanc chacune de ces quatre formules de réponse et demandez à vos partenaires celle qui vous colle le mieux à la peau.

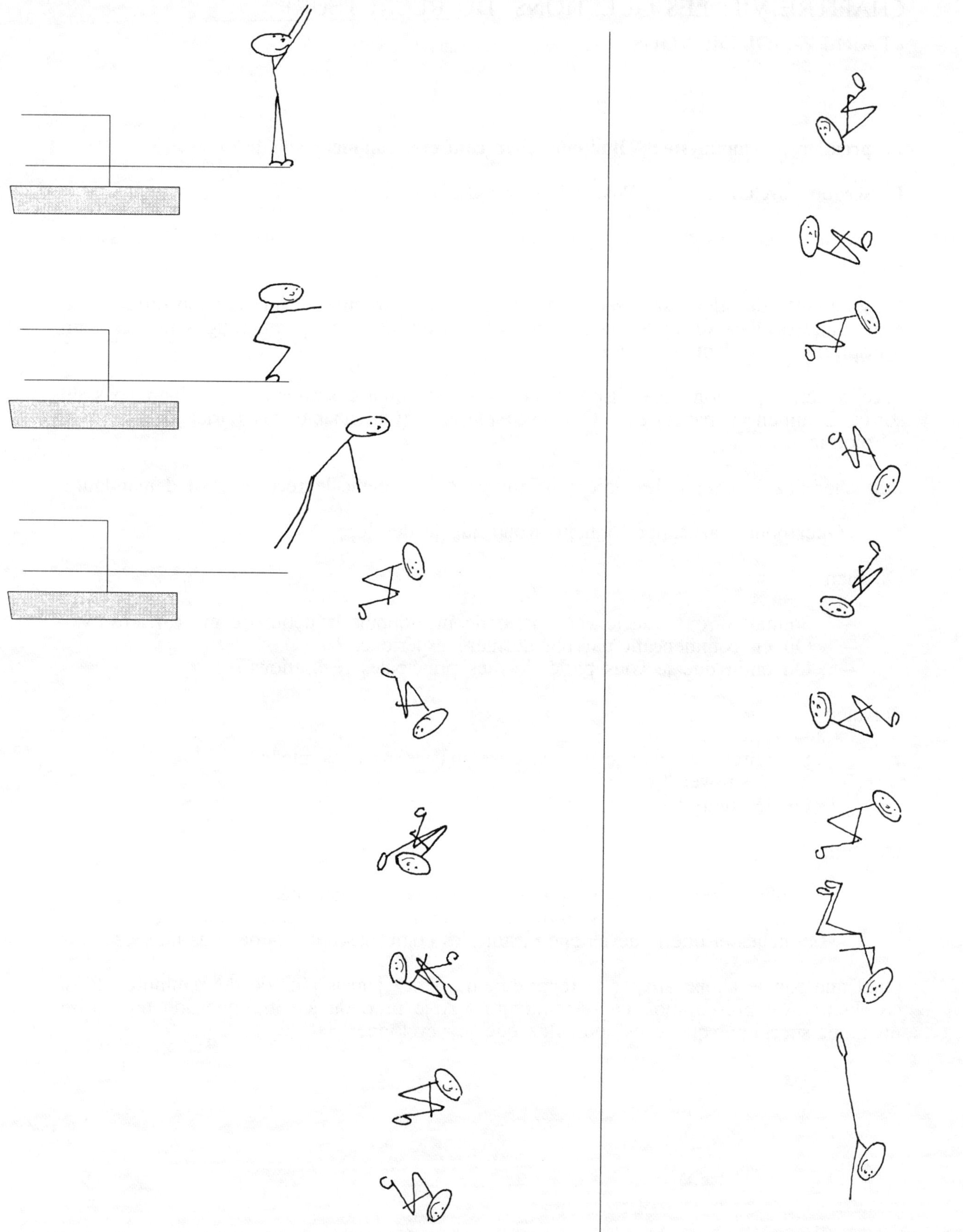

Exposez sans gêne vos qualités et vos défauts.

CHAPITRE VII : LES QUESTIONS (DU RECRUTEUR)

« QUELS SONT VOS QUALITES ET VOS DEFAUTS ? »

Mon principal défaut, c'est d'avoir trop de qualités...

« Quels sont vos défauts et vos qualités » sonne souvent comme un arrêt de mort !

Les variantes les plus connues sont « Parlez moi de vos points forts et de vos points faibles » ou « quels sont vos plus et vos moins ».

Il existe au moins six façons différentes de répondre à cette question.

* Enoncez trois de vos qualités et faites l'impasse sur vos défauts.
* Enoncez trois de vos qualités puis faites une pirouette en ajoutant : « Et comme tout un chacun, j'ai les défauts de mes qualités ! »
* Enoncez un défaut, une qualité, un défaut, une qualité, un défaut....
* Enoncez trois défauts, puis trois qualités.
* Dites : « Permettez que je décrive trois ou quatre missions que j'ai accomplies ; mes défauts et mes qualités apparaîtront d'eux-mêmes ».
* Ou annoncez : « Plutôt que de vous parler de mes défauts et de mes qualités, permettez-moi de vous présenter mes caractéristiques ».
* Enfin vous pouvez utiliser la formule classique et célèbre de J. Crystal « Mon principal défaut est de n'avoir pas préparé une réponse toute faite à cette question ! ».

Parfois, certains défauts ne sont pas si graves ! N'hésitez pas à les citer !!! On les surnomme les « faux-défauts ».

« Je suis, en quelque sorte, obstiné, et lorsque je me fixe un objectif, je ne m'arrête pas avant de l'avoir atteint ».

« Je suis un peu à cheval sur les horaires ».

« J'ai un petit défaut : je suis très méthodique et j'ai tendance à demander à mes collaborateurs de l'être aussi ».

« J'ai comme défaut d'être exigeant avec les autres ; mais je le suis aussi avec moi-même ! »

Interrogez votre entourage. Qu'il vous indique vos deux qualités majeures. Puis, pour les qualités citées, identifiez les défauts correspondants.

Si vous êtes sans emploi, indiquez-en brièvement les raisons.

CHAPITRE VII : LES QUESTIONS (DU RECRUTEUR)

« ETES-VOUS SANS EMPLOI ? »

« Où travaillez-vous actuellement ? » Quelles sont vos responsabilités ? Etes-vous parti de vous-même ? Vous a-t-on licencié ? Depuis quand êtes-vous hors poste ? Vous êtes donc sans emploi ? Et vous êtes au chômage depuis quand ? ».

(Variations sur un thème)

Si vous êtes sans emploi sachez répondre habilement et rapidement (en moins de vingt secondes) au souci de votre interlocuteur. Présentez une réponse axée sur les causes du problème ou les leçons que vous en avez tirées plutôt que sur le problème lui-même.

Par exemple à la question :

« Je vois que vous avez été longtemps au chômage. Parlez m'en ».

* Ne dites surtout pas :

> « J'ai... euh... oui... j'ai été sept mois sans travail ; il faut dire que la conjoncture était mauvaise... »

* mais annoncez plutôt :

> « Toute une série de problèmes d'ordre personnel ou familial m'ont assailli pendant sept mois. Puis, j'ai décidé de m'accrocher et j'ai réussi à reprendre le dessus. C'est une école de volonté que ce genre d'expérience. Je me trouve maintenant en phase finale. La preuve, je suis dans votre bureau... »

* ou bien :

> « J'ai profité de cette période pour régler une succession familiale/approfondir mes connaissances dans le domaine du... C'est maintenant chose faite. Je viens de lancer ma campagne ».

* ou enfin, paraphrasant le mot célèbre de Tristan Bernard qui au moment d'être arrêté déclara : « Je vivais dans la crainte, maintenant je vis dans l'espoir ! » dites :

> « J'ai d'abord vécu dans la crainte. Puis je me suis repris et vis dans l'espoir. Je suis entré dans la phase active de ma campagne ! »

Ecrivez ici le texte que vous pensez utiliser en entretien, si cette question venait à vous être posée.

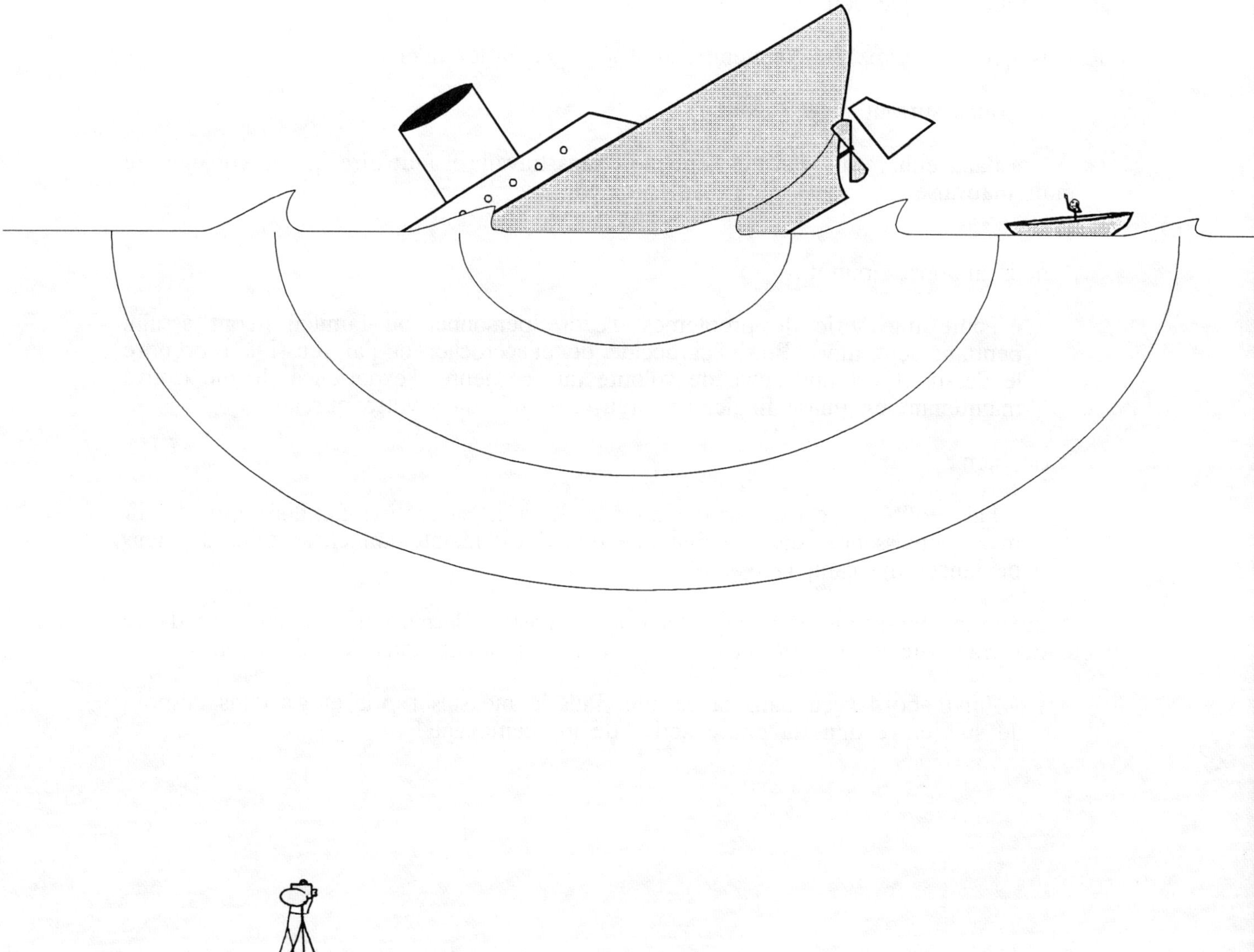

Gardez votre sang froid si vous avez perdu votre emploi.

CHAPITRE VII : LES QUESTIONS (DU RECRUTEUR)
« POURQUOI AVEZ-VOUS PERDU VOTRE EMPLOI ? »

A la question : « Pourquoi avez-vous quitté votre dernier employeur ? » trois réponses sont à éviter :

– **« Parce que ! »**
– **« Ça ne vous regarde pas ! »**
– **« Si vous voyez la tête qu'il a !!! »**

Si vous êtes hors poste (sans emploi), attendez-vous à ce qu'on vous demande pour quel motif vous avez quitté votre dernier employeur. La question peut être plus ou moins brutale. Elle se ramène toujours pour le recruteur à découvrir deux informations :

1) avez-vous démissionné ou avez-vous été licencié ?

2) pourquoi ?

Dans un cas comme dans l'autre ne vous démontez pas. Vous serez jugé aussi bien sur votre comportement face à cette question que sur le contenu de votre réponse. Pour bien vous armer face à ce type de situation opérez en quatre étapes !

* Préparez un texte positif qui ne comporte aucun jugement de valeur sur votre employeur précédent.

* Testez votre texte à blanc afin de déterminer comment votre explication est perçue.

* Apprenez le texte par coeur et répétez-le quinze ou vingt fois.

* Ne prenez, en entretien, que vingt à trente secondes pour énoncer ce texte.

Par exemple, pour une démission, vous pouvez dire :

« Mon employeur a considéré que mon expérience me permettra de me reclasser beaucoup plus facilement que d'autres cadres employés de l'entreprise. La preuve... je suis dans votre bureau ».

« La mission (ou le projet) dont j'ai été responsable est arrivée à terme ; je l'ai menée à bien. C'est la rançon du succès... »

« J'étais prêt à démissionner et, très gentiment, la Société a offert de me licencier ».

« La transformation de la Société en entreprise sous-traitante ne nécessitait plus la présence de cadres de haut niveau (marketing, production ...) ».

Par ailleurs, pour un licenciement, vous pouvez dire :

« J'ai identifié des nouveaux domaines d'intérêt professionnel qui n'existaient pas dans le groupe qui m'employait ».

« L'avenir était plutôt limité par suite d'une récession généralisée du marché ».

« Je ne fonctionne bien qu'à l'intérieur d'organisations à forte croissance ».

Notez la phrase que vous allez utiliser pour répondre à la question : « Pourquoi avez-vous quitté votre dernier employeur ? »
Puis recopiez-la dix fois pour bien vous en pénétrer et présentez-la à trois personnes. Demandez-leur ce qu'elles pensent de votre explication.

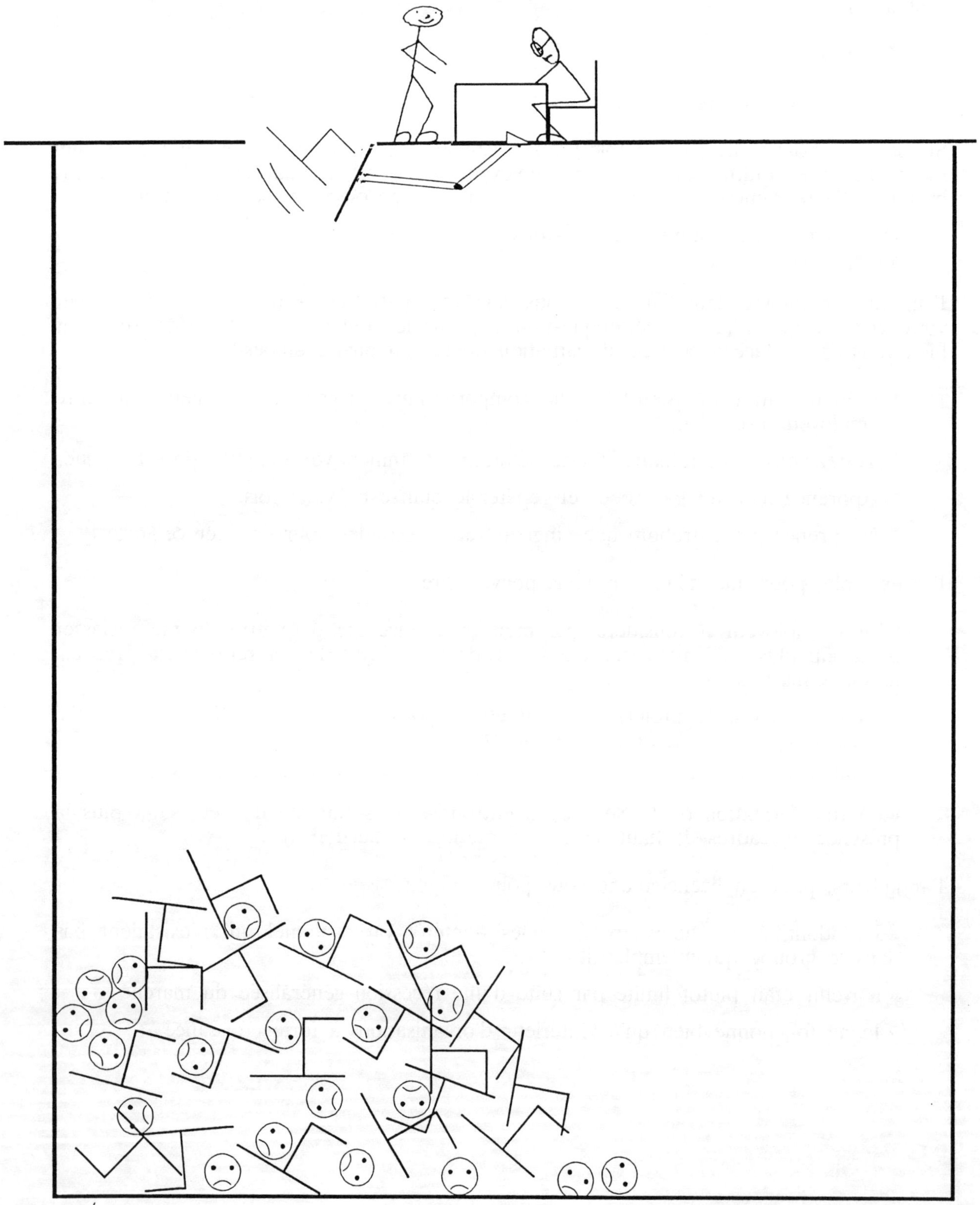

Déjouez les questions pièges.

CHAPITRE VII : LES QUESTIONS (DU RECRUTEUR)

LES QUESTIONS PIEGES

« Face je gagne, pile tu perds ! »

ou

**« Pince-mi et pince-moi montent dans un bateau
Pince-mi tombe à l'eau, qui est-ce qui reste ? »**

Les questions dites « pièges » sont des questions qui sont posées inconsciemment ou consciemment par votre recruteur et qui ont souvent pour effet de vous surprendre ou de vous déstabiliser. Votre interlocuteur n'en a pas le monopole et vous pouvez aussi les utiliser. Elles servent habituellement à vérifier une information qui a été fournie ou plus rarement, à mettre l'autre dans l'embarras.

Une question piège classique consiste à ré-aborder sous un angle tout à fait inattendu un sujet déjà couvert. La réponse que vous devez alors donner doit être cohérente avec celle que vous avez donnée précédemment.

Voici deux exemples :

> « Vous avez précisé au cours de l'entretien que vous gériez une masse mensuelle d'environ 1 000 factures ».
> Un peu plus tard le recruteur vous demande soit le nombre de factures gérées journellement, soit le temps passé en moyenne sur chaque facture, soit enfin le nombre de blocs de factures utilisés par mois. Il vérifie alors vos dires en reconstituant votre chiffre.
>
> Une autre approche, moins subtile et plus fréquente, consiste à vous demander quel était votre salaire annuel, puis beaucoup plus tard, le salaire que vous touchiez mensuellement.

Il y a également les fausses questions pièges (espèce heureusement plus rare) où le recruteur prétend avoir entendu une information que vous ne lui avez pas communiquée. Par exemple :

> « Vous m'avez dit que vous aviez la responsabilité de tel ou tel territoire »

ou bien,

> « Vous m'avez précisé que vous aviez environ une dizaine de personnes sous vos ordres ».

Dans ce cas-là, restez silencieux et... souriez.

La pire des questions pièges est le « double bind » (double contrainte), dont voici un exemple :

Le mari : « Chérie, pour te faire plaisir j'ai mis l'une des deux cravates que tu m'as offertes hier ! »
L'épouse : « Pourquoi as-tu mis celle là ? Tu n'aimes pas l'autre ? »

Inventez un autre « double bind ».

Aplanissez les difficultés en faisant reformuler les questions.

CHAPITRE VII : LES QUESTIONS (DU RECRUTEUR)

LA REFORMULATION

« M'aimes-tu ? Quels sentiments éprouves-tu pour moi ?
As-tu une bouffée d'émotion quand tu me retrouves ?
Penses-tu à moi quand je m'absente ? Vibres-tu quand je reviens ? ».

(Variations amoureuses sur la reformulation)

Faire reformuler une question par votre interlocuteur consiste à lui demander (aimablement) de bien vouloir vous reposer la même question mais en l'exprimant d'une nouvelle façon.

Les avantages de la reformulation sont de deux ordres.

* Cela vous donne plus de temps pour réfléchir.
* Votre réponse est facilitée car une question reformulée est parfois moins embarrassante, sous sa seconde forme que sous sa forme originale.

Voici trois exemples :

* Premier exemple.

  Le recruteur : « ...et pourriez-vous remotiver tout le personnel de cette division ? »
  Le candidat : « Tout le personnel de cette division ? »

* Second exemple :

  Le recruteur : « ...et enfin, d'adopter notre demi-carte pour que nous puissions éviter ces coupures inopinées ? »

  Le candidat : « Je n'ai pas parfaitement saisi l'ensemble vos explications. Puis-je me permettre de vous demander de redévelopper ce dernier point ? »

* Troisième exemple :

  Le recruteur : « Et quelle serait l'approche que vous préconiseriez ? »

  Le candidat : « Approche ? »

  Le recruteur : « Oui, quels sont les points forts sur lesquels vous vous appuieriez ? »

Lors de votre prochain repas procédez à cinq reformulations avec votre partenaire.

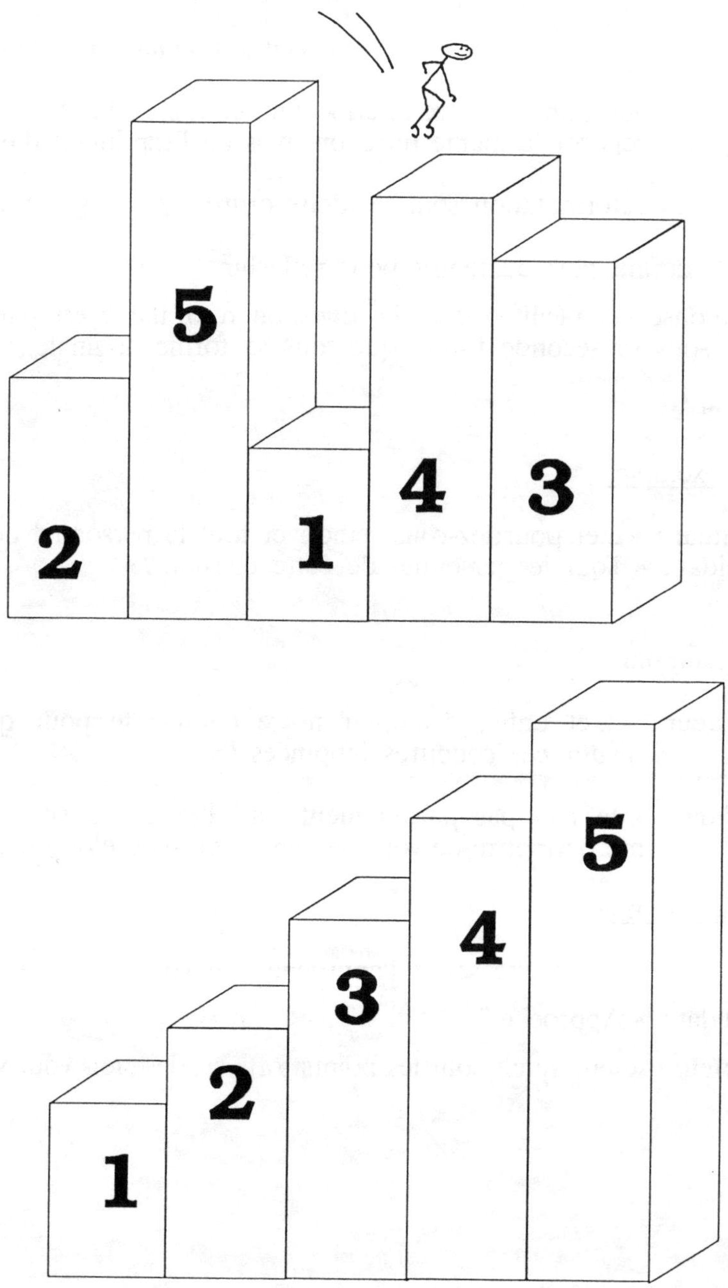

Énoncez vos questions dans le bon ordre.

CHAPITRE VII : LES QUESTIONS (DU CANDIDAT)

L'ORDRE DE VOS QUESTIONS

Il vaut mieux poser deux questions mal formulées dans le bon ordre, que deux questions bien formulées dans le mauvais ordre.

Préparez vos questions à l'avance et sachez les ordonner les unes par rapport aux autres.

On raconte l'histoire classique de deux moines, l'un débutant, l'autre expérimenté. Tous deux désirent fumer lors des périodes de méditation. Le moine débutant se désole car il se heurte à un refus en demandant au supérieur : « Puis-je fumer en méditant ? » De son coté le moine expérimenté est plus habile car il prend soin de demander à son supérieur : « Voyez-vous un inconvénient à ce que je médite en fumant ? »

De même, dans certaines milieux, un médecin doit être prudent s'il souhaite obtenir des réponses authentiques à ses questions. Face à une femme, il doit d'abord demander :

> « Avez-vous des enfants ? »
> puis « Etes-vous mariée ? »
>
> et non
>
> « Etes-vous mariée ? »
> puis « Avez-vous des enfants ? »

Pour éviter les mauvaises surprises, notez sur une feuille de papier les questions dans l'ordre où vous pensez le plus habile de les poser.

Les enfants sont un merveilleux terrain d'expérimentation et d'entraînement pour les adultes. Ils sont souvent bien plus malins et subtils que nous si l'on cherche à les piéger par un jeu de questions. Dialoguez avec eux et observez-les. Vous apprendrez autant ou plus qu'en une demi-journée passée avec un spécialiste de la communication ! Et ce sera plus amusant !

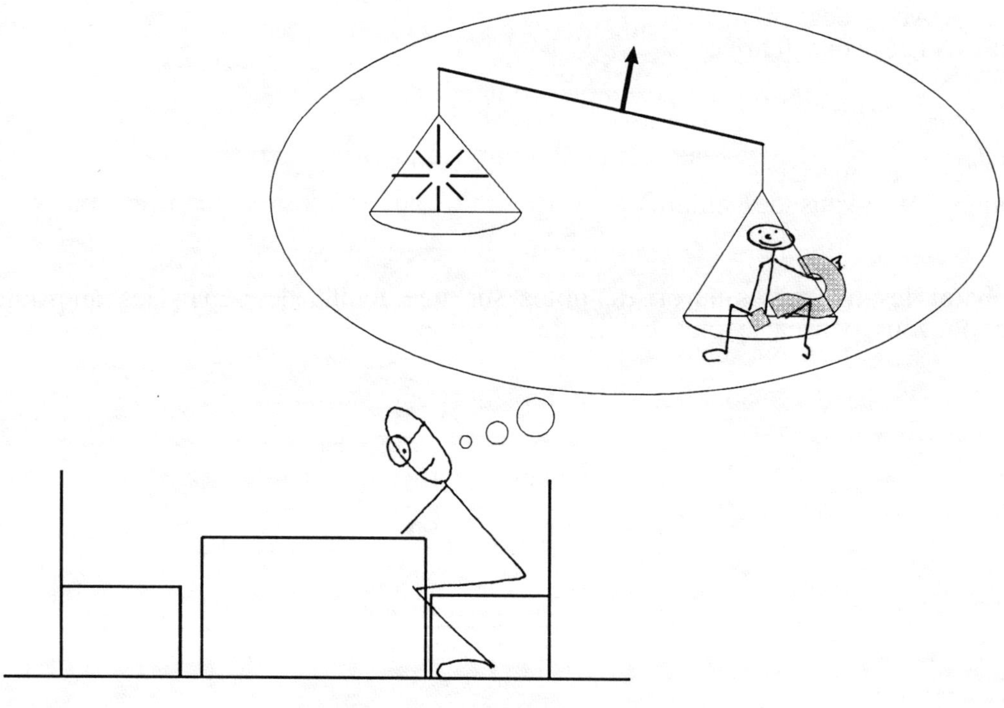

Posez des questions qui vous valorisent.

CHAPITRE VII : LES QUESTIONS (DU CANDIDAT)

LES QUESTIONS QUI VOUS VALORISENT

L'étudiant : « En entretien d'embauche vaut-il mieux poser beaucoup de questions ou peu de questions ? »

Le conseiller professionnel : « Ni l'un, ni l'autre ! Il faut poser de bonnes questions ! »

Une phase d'information menée à bien avant l'entretien vous apportera tous les éléments qui vous sont nécessaires pour poser des questions pertinentes.

Vous devez poser des questions pour :

1. demander des renseignements sur l'organisation qui recrute ;
2. faire définir le poste à pourvoir en termes de responsabilités, de possibilités de formation, de promotion, de hiérarchie et de salaire ;
3. éclaircir des points précis sur les tâches qui sont à mener à bien dans ce poste.

Sachez les formuler de façon pertinente et cohérente en respectant la séquence adéquate.

Voici ce que vous pouvez par exemple demander :

* Quel est le rôle du département pour lequel vous recrutez ?
* Quel est le type d'affaire qui y est traité ou de mission qui y est menée ?
* Avez-vous des objectifs prioritaires pour ce département cette année ?
* Quel genre de résultats ont été atteints par ce département dans le passé ?
* Puis-je rencontrer d'autres personnes de votre organisation ?
* Quel rôle exact joue ce département pour vous aider à réaliser les objectifs généraux de votre organisation ?
* Allez-vous réaliser des investissements particuliers dans ce département ?
* A qui vais-je rendre compte dans cette fonction ?

Souvenez-vous que vous êtes plus jugé sur vos questions que sur vos réponses aux questions du recruteur.

Mettez au point un moyen mnémotechnique pour vous souvenir des questions clés que vous souhaitez poser. Vous pourrez les poser sans hésiter le jour J.

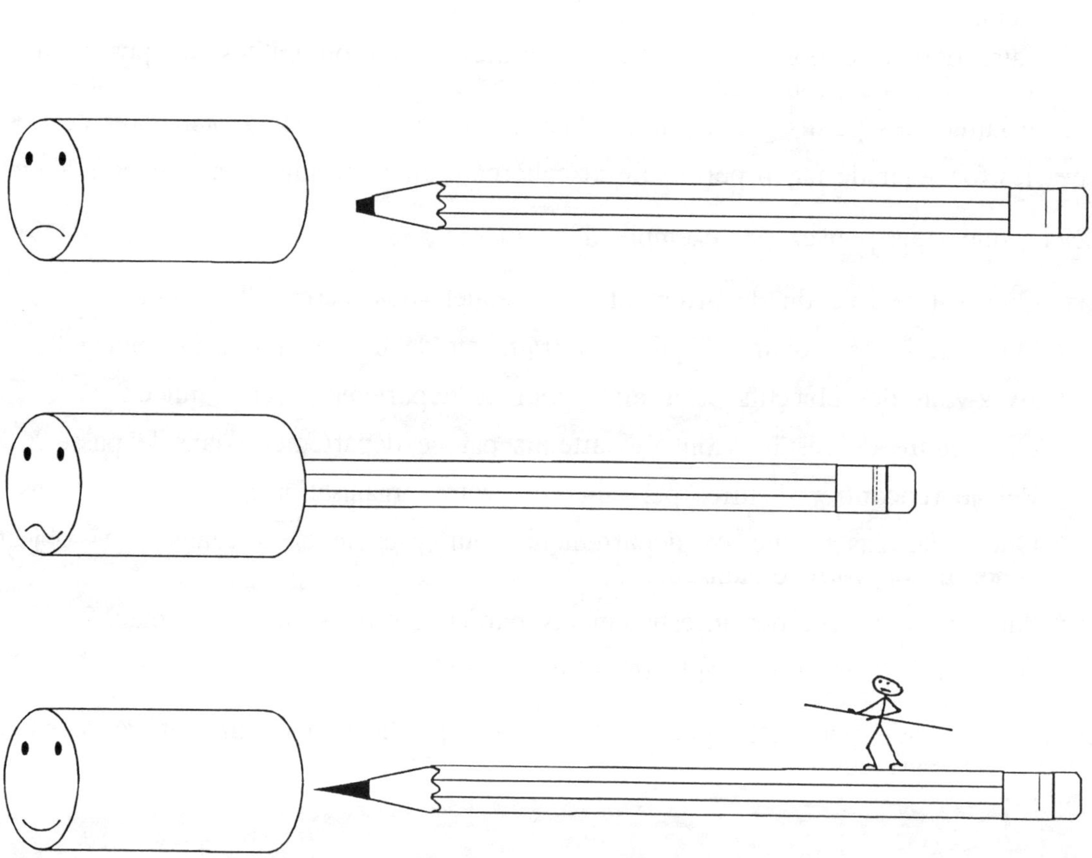

Vérifiez en posant les bonnes questions.

CHAPITRE VII : LES QUESTIONS (DU CANDIDAT)

LES QUESTIONS DE VERIFICATION

Il y a ceux qui ne comprennent pas parce qu'ils n'entendent pas.
Il y a ceux qui ne comprennent pas parce qu'ils n'écoutent pas.

Appartenez-vous à l'un de ces deux groupes ?

Lorsque vous avez mal compris ou pire, lorsque vous n'êtes pas sûr d'avoir bien compris, utilisez les questions de vérification par reformulation.

Beaucoup de personnes hésitent à reformuler ce qu'elles entendent de peur de passer pour ce qu'elles ne sont pas. La reformulation peut, au contraire, montrer à votre recruteur que ce qu'il vous dit a de l'importance et que vous faites partie de ceux qui aiment que les choses soient claires.
Point trop n'en faut, bien sûr.

Voici deux exemples de dialogues assez classsiques que vous avez probablement vécus.

* Premier exemple.

  Le recruteur : « Et si les choses se passent comme nous le prévoyons, vous serez promu ».

  Le candidat : « Si je vous comprends bien, je deviendrai chef de section dès que les nouveaux locaux auront été installés ? »

* Deuxième exemple.

  Le recruteur : « Et nous envisageons d'informatiser le système à l'automne ».

  Le candidat : « Souhaitez-vous commencer l'informatisation à l'automne ou au contraire, que l'opération soit entamée et terminée au cours de l'automne ? »

Avez-vous regardé, lu, analysé, compris, mémorisé le texte ci-dessus ?

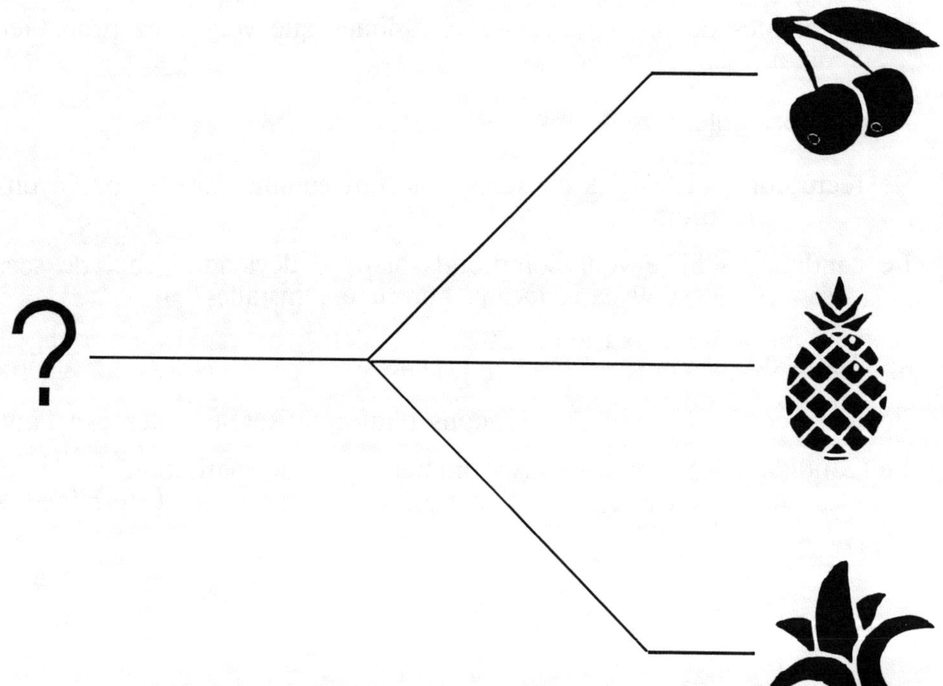

Utilisez les Q.C.M. pour obtenir une réponse.

CHAPITRE VII : LES QUESTIONS (DU CANDIDAT)

LES *« Q.C.M. »*

Devinette : « Tous les étudiants en médecine les connaissent. Ils les détestent mais vivent avec. De quoi s'agit-il ? »

Réponse : « des Q.C.M. »

Vous pouvez utiliser les Q.C.M. (questions à choix multiple) quand vous connaissez relativement bien le sujet couvert. Chacune de vos questions doit inclure plusieurs réponses possibles entre lesquelles votre interlocuteur choisira.

Voici deux exemples de questions à choix multiple.

* « Vos livraisons se font-elles :

  – par air,
  – par surface,
  – ou utilisent-elles les deux moyens ? »

* « Votre publicité est-elle insérée dans la presse :

  – quotidienne,
  – hebdomadaire,
  – ou mensuelle ? »

Ces questions présentent plusieurs intérêts : elles sont rapides et obligent à prendre position. Leur inconvénient est évident : elles sont peu propices au dialogue libre qui permet de mieux dévoiler la personnalité des protagonistes.

Les questions à choix multiple bien utilisées peuvent créer des situations cocasses. Pratiquez-les avec vos amis.

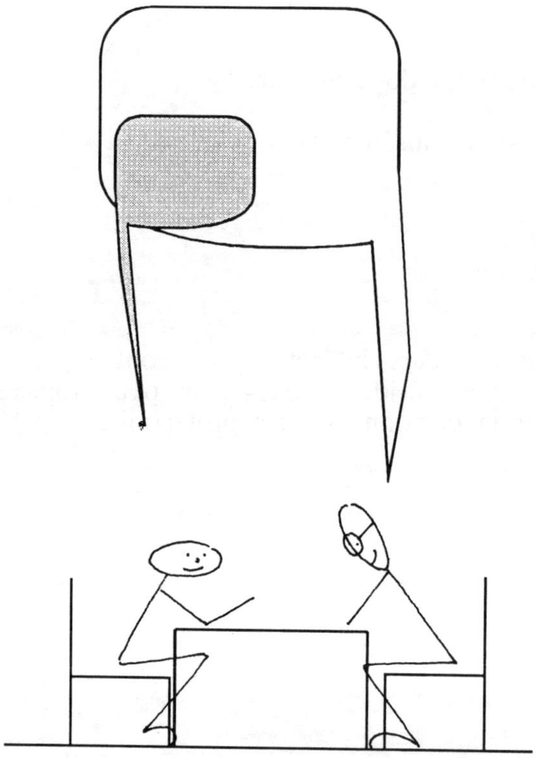

Utilisez des questions écho pour relancer votre interlocuteur.

CHAPITRE VII : LES QUESTIONS (DU CANDIDAT)

LES QUESTIONS « ECHO »

« ECHO et EGO sont non seulement proches par l'orthographe, mais également par les voies qu'ils empruntent ».

La méthode de l'écho joue souvent sur l'ego (le Moi) de votre interlocuteur.

Il s'agit d'une méthode éprouvée utilisée par de nombreux journalistes et recruteurs professionnels.
Elle consiste à répéter à voix haute et sur un ton interrogatif, le dernier ou (l'avant-dernier) mot de la phrase prononcée par votre interlocuteur ou un mot clé qu'il emploie souvent. L'effet est immédiat et entraîne votre partenaire à poursuivre un développement sur ce point..
Cette méthode peut être utilisée pour vous faire parler...mais...vous pouvez aussi en tirer parti pour faire parler.

Ainsi, par exemple :

Le recruteur : « ... et nous sommes arrivés à redresser la situation qui semblait désespérée ! »

Le candidat : « Désespérée ?... ».

Le recruteur : « Oui, la situation semblait déséspérée. Trois menaces pesaient sur nous.. ».

Parfois il est même inutile de répéter le dernier mot cité par votre interlocuteur. Il vous suffit de rester silencieux, de le regarder, de hocher la tête tout en le questionnant du regard.

Rien de mieux que de vous entraîner.
Dans les jours qui viennent, utilisez six fois la méthode ECHO : trois fois sur votre lieu de travail, deux fois en faisant des courses et une fois dans la rue ou dans l'ascenseur.

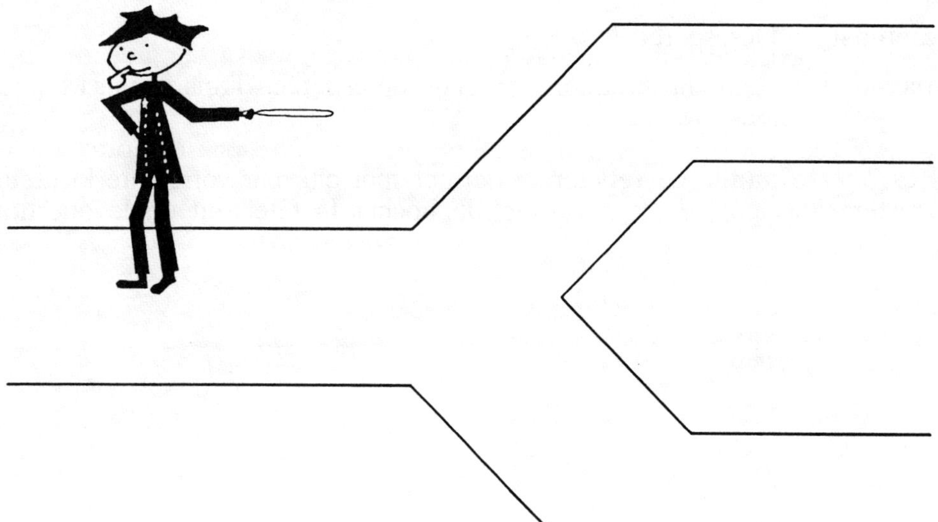

Posez des questions fermées pour clarifier la situation.

CHAPITRE VII : LES QUESTIONS (DU CANDIDAT)

LES QUESTIONS « FERMEES »

« Dis-moi oui. Dis-moi non. Dis-moi oui ou non ».

(Air connu)

Une question est dite fermée quand elle laisse très peu de marge de manoeuvre à celui qui doit répondre. Les questions fermées vous sont particulièrement utiles si vous désirez obtenir une réponse claire et nette à une question sur laquelle vous avez trouvé votre interlocuteur trop fuyant ou évasif.

Ces questions fermées ont un inconvénient : elles ne mettent pas votre partenaire à l'aise et peuvent même l'embarrasser.

Voici deux exemples.

* Pour connaître le degré d'informatisation d'un département vous pouvez poser une question fermée du genre : « Les commandes sont-elles gérées sur informatique ? »

* Pour faire accélérer un délai de réponse, vous pouvez poser une question fermée du style : « Pensez-vous me donner une réponse sous 48 heures ? »

Dans ces deux cas le recruteur ne peut alors que répondre par oui ou par non.

Quelles sont les cinq questions fermées les plus utiles à poser :

* *à quelqu'un qui va se marier,*
* *ou à quelqu'un qui se rend à un entretien d'embauche.*

Canalisez la discussion par des questions « entonnoir ».

CHAPITRE VII : LES QUESTIONS (DU CANDIDAT)

LES QUESTIONS « **ENTONNOIR** »

Question très ouverte, puis question ouverte, puis question fermée.

Tout l'art consiste à poser d'abord une question très générale sur un thème donné, puis de rendre vos questions de plus en plus spécifiques.

Procédez comme un avion qui fait son approche circulaire autour du terrain sur lequel il va se poser. Pensez à l'eau qui s'écoule en tournant dans un lavabo...

Voici un exemple de dialogue entre un recruteur et un candidat qui utilise les questions entonnoir.

Le candidat : « Puis-je vous demander de me préciser deux ou trois grandes lignes de votre politique du personnel ? »

Le recruteur : « Oui. Nous croyons aux initiatives individuelles et les favorisons ».

Le candidat : « Et comment se matérialise la promotion interne ? »

Le recruteur : « Par des responsabilités plus larges et une plus grande autonomie ».

Le candidat : « Et quels critères particuliers ou spécifiques utilisez-vous pour décider de promouvoir un employé au sein de votre organisation ? »

Le recruteur : « Le coefficient de satisfaction des clients est mesuré par une note de 1 à 10 et le taux de fidélisation des clients est calculé en pourcentage chaque mois ».

Dévouvrez deux illustrations qui matérialisent l'approche entonnoir ou les questions entonnoir.

En voici deux exemples :

* *Le tri du courrier : il est d'abord trié par pays, puis par province, puis par département, puis par canton, puis le choix se referme encore plus sur la ville, puis sur la rue et enfin sur le numéro.*

* *Les vacances : pour vous renseigner sur un lieu précis, vous situez d'abord ce lieu dans un pays, puis à l'intérieur d'une zone, puis d'une manière plus précise...*

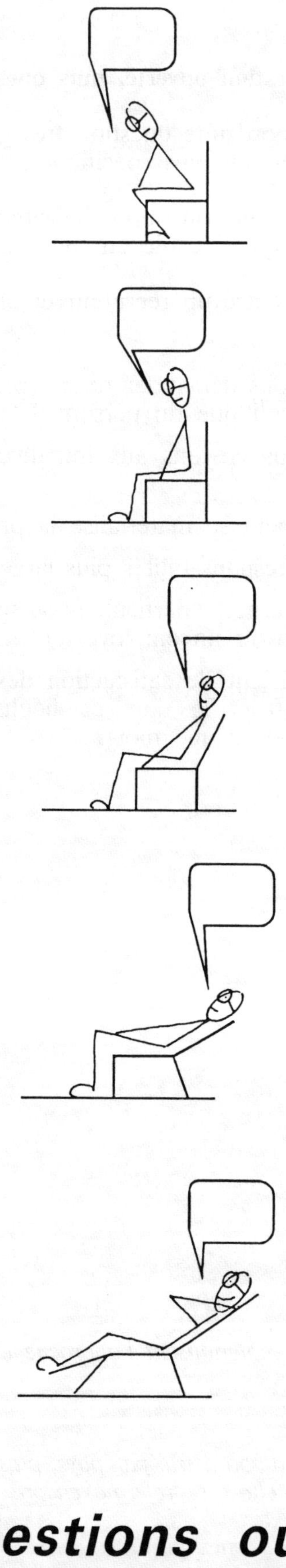

Posez des questions ouvertes pour détendre votre interlocuteur.

CHAPITRE VII : LES QUESTIONS (DU CANDIDAT)

LES QUESTIONS « **OUVERTES** »

« M'aimes-tu ? »

C'est l'une des questions les plus ouvertes qui soient !!!

Une question est dite ouverte quand elle laisse à votre interlocuteur un très grand éventail possible de réponses et lui évite de se sentir enfermé.

Les questions ouvertes sont très utiles pour mettre l'autre en confiance, pour aborder un sujet délicat ou pour relancer une conversation.

Elles précèdent habituellement les questions fermées.

Voici deux exemples.

* Pour découvrir le degré d'informatisation d'un département vous pouvez poser une question ouverte du genre :

  « Quelle est votre attitude face à l'informatisation ? »

* Pour avoir une idée du processus de recrutement suivi par votre recruteur, vous pouvez poser une question ouverte du style :

  « Comment allez-vous prendre votre décision ? »

A propos de « m'aimez-vous ? »... jouez plutôt la carte, « Je vous aime ! »

Vous le savez, les gens aiment qu'on les aime.

8 00

Acceptez sans complexe vos handicaps visibles et invisibles.

CHAPITRE VIII : HANDICAPS ET MINORITES

L'APPROCHE DE VOS HANDICAPS

« Vous êtes toujours le pauvre d'un autre ».

Lorsque vous êtes à la recherche d'un emploi, les employeurs potentiels se basent souvent sur des critères inadéquats et pénalisants pour vous évaluer. Au lieu de considérer essentiellement les services que vous avez à offrir, ils ont plutôt tendance à analyser (parfois à la loupe) vos caractéristiques. Qui dit caractéristiques, dit bien vite points faibles ou handicaps.

De nombreux éléments, jusque-là sans importance, deviennent alors des caractéristiques lourdes, de véritables handicaps, voire des tares. Tout à coup :

* on vous trouve trop jeune ou... trop âgé,
* on regrette que vous soyez un homme ou une femme,
* on ne comprend pas que vous n'ayez eu qu'un employeur... ou que vous en ayez eu un si grand nombre,
* on s'étonne que vous veniez d'un autre secteur... ou d'une autre fonction,
* on ne comprend pas que vous vouliez quitter un poste hiérarchique pour un poste fonctionnel... ou vice-versa,
* on se désole que vous reveniez de l'étranger... ou que vous en soyez un,
* on se lamente que vous veniez d'une grande organisation et non d'une petite... ou l'inverse,
* on regrette que vos parents ne vous aient pas fait baptiser dans une autre religion...

Si vous êtes normal vous appartenez au minimum à deux minorités !!!

Cette situation très souvent vécue est rarement exposée ou discutée. Elle trouve ses racines en partie dans les préjugés de tout un chacun, mais aussi et surtout dans les outils et les méthodes que vous utilisez : plus ils sont traditionnels, plus vos handicaps ressortent et sont mis en évidence.

Qui préconise ces méthodes traditionnelles ? Précisément ceux qui ont intérêt à vous faire présenter votre pédigrée, à vous arracher des informations qui vous rendent vulnérables, ceux dont le rôle principal est d'éliminer.

Existe-t-il une méthode plus simple et d'apparence moins discutable que de prétexter l'appartenance à une minorité pour trier et éliminer ?

Demandez à vos vrais amis ou à des relations professionnelles (qui ont le mérite de parler franchement) de vous préciser les handicaps qu'ils vous attribuent. Vous risquez d'être surpris.

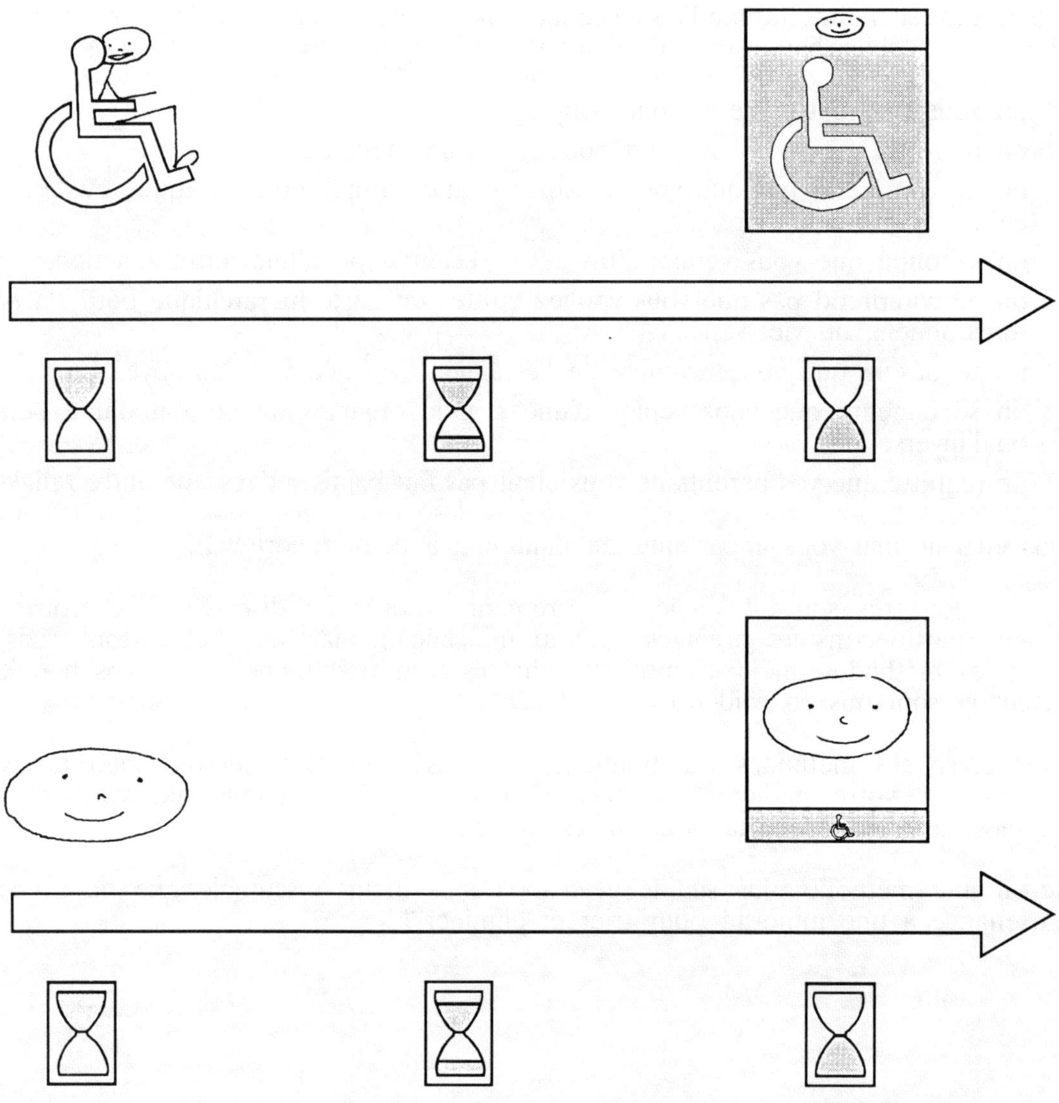

Abordez vos faiblesses le plus tard possible.

CHAPITRE VIII : HANDICAPS ET MINORITES

LE PRINCIPE DE TRAITEMENT D'UNE MINORITE

« En littérature, toujours ce sont des minorités, c'est-à-dire des talents, qui ont exercé une action, laissé une empreinte ».

(François Porche)

Dans le monde des affaires également...

Tous les outils et méthodes traditionnels (bien sûr et en tout premier lieu le curriculum vitae) que vous risquez d'utiliser (essentiellement dans la phase de recherche d'un entretien et accessoirement lors de l'entretien), sont malheureusement parfaits pour faire ressortir votre appartenance à telle ou telle minorité.

Notre intention n'est pas de vous recommander de dissimuler ce qui pourrait être perçu comme un handicap, mais de l'atténuer en utilisant des méthodes moins traditionnelles, par exemple en ayant une approche positive. Mettez surtout l'accent sur les services que vous pouvez rendre et ne perdez pas votre temps à vous défendre et à vous justifier. Polarisez l'attention de votre interlocuteur sur des sujets qui sont liés directement à vos talents, savoir-faire, aptitudes et capacités, et non pas à des caractéristiques (âge, sexe, nombre d'employeurs, passé, etc.....) qui n'ont rien à voir avec votre potentiel.

Par conséquent :

* avant l'entretien efforcez-vous de donner des informations correspondant à votre potentiel et à ce que vous avez réalisé dans le passé. Donnez toutes les informations qui peuvent présenter un intérêt lié, directement ou indirectement, aux soucis ou problèmes que l'organisation doit affronter.

* au cours de l'entretien, si votre appartenance à telle ou telle minorité est soulevée, traitez-là en moins de 25 secondes, en montrant qu'elle affecte peut-être la tribu à laquelle on veut vous voir appartenir, mais qu'elle ne vous concerne pas.

Au football on amène la balle près des buts adverses, puis on shoote...
Au tennis on met son adversaire en déséquilibre, puis on smash...
Au bridge on fait tomber les atouts, puis on défile la longue...
En musique on accorde son instrument, puis on joue...

En cuisine on...
En amour on...
Dans la vie on...
Au concert on...

8 04

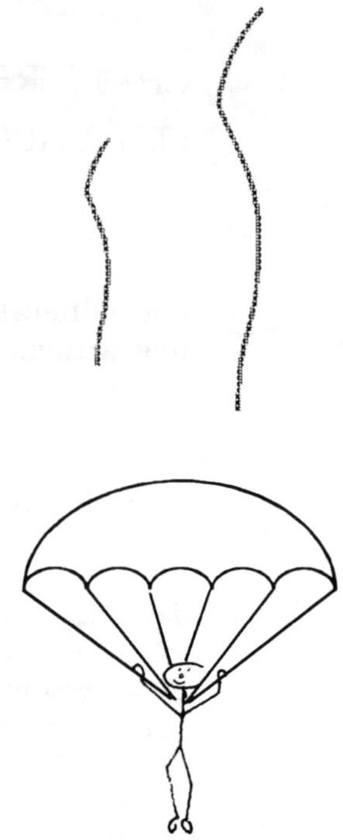

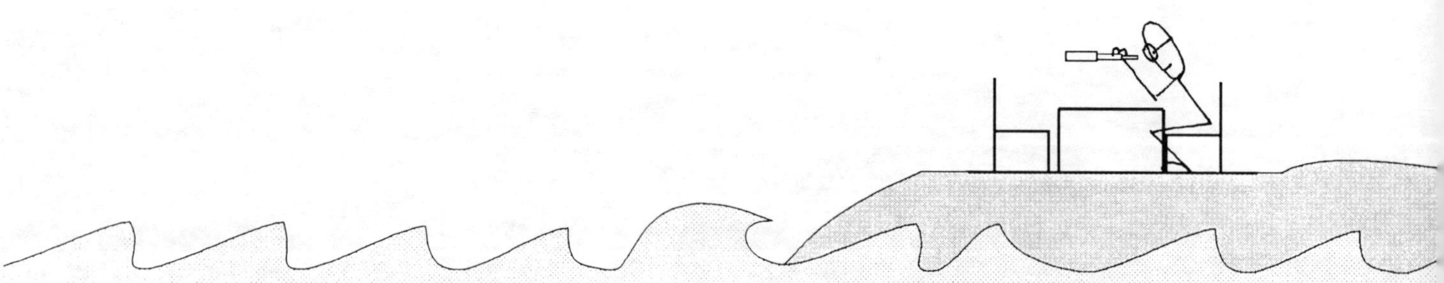

Prenez l'initiative pour éviter d'être déséquilibré.

CHAPITRE VIII : HANDICAPS ET MINORITES

L'ENTRAINEMENT A FAIRE FACE

« Le fait d'être une femme n'a jamais été un problème pour moi, donc ça n'en sera pas un pour votre organisation ! »

(Rita Morin)

Tous les grands professionnels du sport, du spectacle ou des affaires s'entraînent.

* Avant de disputer un match de trois heures, un tennisman s'entraîne entre vingt à quarante heures.
* Avant de monter sur scène et d'y chanter pendant une heure et demie, un artiste répète son spectacle durant plusieurs semaines.
* Avant de faire une intervention de huit minutes à la télévision, un chef d'enterprise en vue participe, au minimum, à une dizaine de séances préparatoires avec vidéo et conseillers en communication.

Et vous ? Combien de temps comptez-vous investir pour vous entraîner à savoir réagir si vous veniez à être attaqué sur un de vos points faibles ?
Au cours d'un entretien d'embauche, la discussion d'un tel point faible dure habituellement entre deux et sept minutes. Passez donc une à trois heures à répéter et à vous entraîner.

Pour cela :

* envisagez toutes les façons dont le sujet peut être abordé par le recruteur,
* notez par écrit en un ou deux paragraphes de quatre ou cinq lignes chacun (soit vingt secondes de parole chaque fois) les arguments que vous seriez prêt à utiliser et à exposer pour réfuter telle ou telle objection,
* entraînez-vous avec un partenaire en jouant une quinzaine de fois chacun des scénarios possibles.

Une telle préparation efface l'angoisse qui vous menace. Ce qui était pour vous une source de traumatisme possible devient alors presqu'un jeu.
Le fait même de répéter encore et encore, vous aide à « digérer » une minorité ou un handicap. Ce qui pourrait être perçu comme un point faible ne sera plus un problème pour vous et, par voie de conséquence, ne le sera plus pour eux...

Demandez à cinq amis les minorités qui les ont le plus préoccupés lors de leurs recherches d'emploi passées. Comment les ont-ils surmontées ?

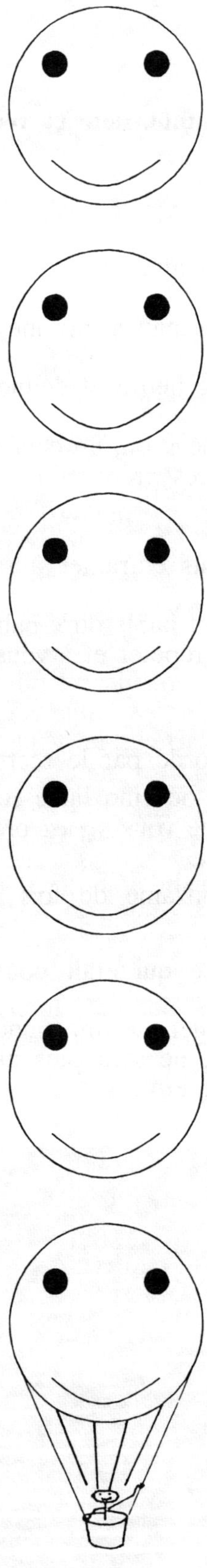

Considérez les attaques comme des provocations.

CHAPITRE VIII : HANDICAPS ET MINORITES

L'ARGUMENTATION POSITIVE

« Si vous appartenez à plusieurs minorités (age, sexe, secteur, fonction...) vous êtes normal ! »

Nous avons identifié dix neuf minorités. Vous appartenez - sans le savoir - à trois ou cinq d'entre elles.

Si un recruteur décèle chez vous l'appartenance à une minorité ne réagissez pas vivement. Regardez-le simplement. Ne soyez ni agressif, ni ironique, ne laissez deviner aucun sentiment. Restez calme et détendu. Comptez sur vos doigts jusqu'à cinq (sous la table !), puis dites :

> « Pourriez-vous développer, s'il vous plait ? »

Essayez alors de lui faire « casser » son objection majeure en sous-objections.

Ceci étant fait, comptez à nouveau jusqu'à cinq, puis demandez :

> « Voyez-vous autre chose ? »

Si le recruteur se fige sur sa position, citez-lui des réalisations ou des résultats que vous avez obtenus par le passé. Ces réalisations doivent contenir des faits et des chiffres démontrant que la minorité à laquelle il vous reproche d'appartenir ne vous pose aucun problème et ne vous empêche en aucun cas d'être performant.

Cette technique peut sembler impertinente et agressive de la part d'un candidat. Si vous choisissez de l'appliquer faites-le avec calme et sobriété : elle est efficace. Lorsqu'un recruteur vous attaque sur une de vos minorités, il s'agit souvent pour lui de déterminer si ceci est un problème pour... vous, donc risque d'être un problème pour... lui et pour son organisation.

Répétez-vous et persuadez-vous que, dans ce domaine, le but de votre interlocuteur est de vous provoquer. Or, pour être efficace, il faut répondre à la provocation avec l'esprit et le coeur.

Saisissez la première remarque ironique ou agressive qui vous est faite comme une occasion inespérée de vous entraîner à argumenter.

Demandez à l'auteur de « développer son point de vue ! »

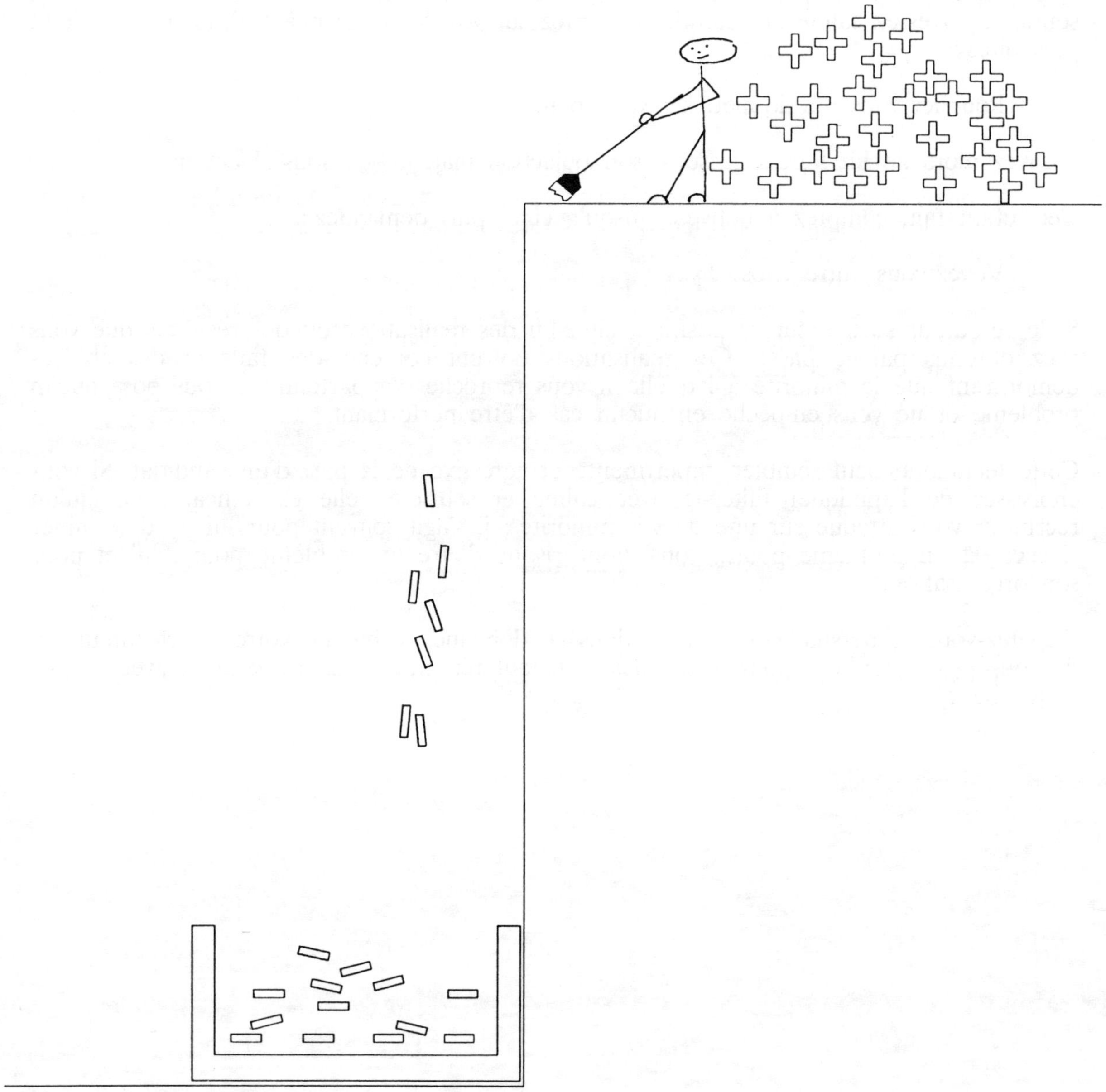

Insistez plutôt sur vos points forts.

CHAPITRE VIII : HANDICAPS ET MINORITES

LA TRANSFORMATION D'UN ECHEC EN EXPERIENCE

Une organisation utilise vos points forts pour se décider à vous engager et vos points faibles pour vous éliminer...

Les organisations ne recrutent jamais de perdants. Elles adorent les laisser à leurs concurrents !

Les entretiens sont trop courts pour parler de vos défauts !

Evitez donc en entretien les écueils classiques.

* Ne semez pas le trouble, sécurisez.

  Occupez le temps qui vous est offert pour essayer de démontrer comment vos connaissances et vos expériences passées peuvent aider l'organisation à progresser dans le domaine pour lequel vous êtes candidat. Un recruteur normalement constitué est toujours saisi par le doute à une ou plusieurs reprises lors du recrutement. Ne contribuez pas à l'amplification de ce phénomène.
  Identifiez avec précision ce que vous aimez faire et concentrez-vous sur ces domaines avec enthousiasme en essayant de le convaincre. Vous seul pouvez avoir confiance en ce que vous aimez.

* Oubliez vos conflits.

  Passez l'éponge sur vos querelles passées. Ne les racontez qu'à votre confident mais surtout pas à votre recruteur.

* Transformez vos erreurs en expériences.

  Si vous avez subi certains échecs professionnels, sachez en tirer l'enseignement qui s'impose.
  Présentez-les, non pas comme des échecs ou des erreurs, mais comme des expériences dont vous avez su tirer un enseignement qui profitera à votre futur employeur.

Souvenez-vous de la formule :

EX = EC + EN

EXpérience = EChec + ENseignement

Utilisez habilement les bonnes références.

CHAPITRE IX : LES REFERENCES

LES BONNES ET LES MAUVAISES REFERENCES

« Je ne suis pas d'accord avec vous, mais je me battrai jusqu'au bout pour que vous puissiez exprimer vos idées ».

(Voltaire)

Lorsqu'un recruteur vous demande de citer vos références il vise deux objectifs :

* il souhaite contrôler si ce que vous avez avancé est juste et correct ;
* il désire vérifier si des personnes qui vous connaissent peuvent lui confirmer que vous avez vraiment la personnalité adéquate pour le poste à pourvoir.

D'habitude on cite uniquement ses anciens supérieurs hiérarchiques. C'est une habitude discutable :

* elle est partielle ;
* et donne de vous une vue « d'en haut ».

Préparez donc une liste de personnes références qui ne sont pas uniquement vos supérieurs hiérarchiques passés, mais également des fournisseurs, des clients, des responsables de clubs, ...

Avant de citer ces références, approchez chacune d'entre elles et demandez-leur leur accord pour citer leur nom.

En règle générale, évitez de produire ces noms en début d'entretien, attendez qu'on vous les demande ou proposez-les avec tact en fin d'entretien.

Si vous avez une mauvaise référence, considérez votre cas comme banal. S'il s'agit d'un ancien supérieur hiérarchique, et que vous ne pouvez pas ne pas le citer, indiquez son nom parmi d'autres. Dites à votre interlocuteur, en lui tendant votre liste de références, que les avis sur vous sont convergents et qu'il n'y a qu'une seule note discordante. Précisez-lui d'où elle vient et limitez-vous à dire : « Nous avions des conceptions de la gestion différentes ». Ne dites surtout rien d'autre.
Si l'on vous pousse dans vos derniers retranchements ne vous démontez pas. Cela fait partie du jeu ! Dites à votre interlocuteur : « Citez-moi deux ou trois problèmes classiques que l'on rencontre dans ce poste et je vous dirai succinctement comment je compte m'y prendre pour les résoudre. Cela vous montrera ma conception dans ce domaine ».
L'inquiétude du recruteur sera alors calmée.

Connaissez-vous trois personnes célèbres (encore vivantes ou décédées) dont les mauvaises références au départ auraient pu compromettre leur avenir ?

Par exemple : Einstein, le père de Foucault, St Augustin, Pasteur,...

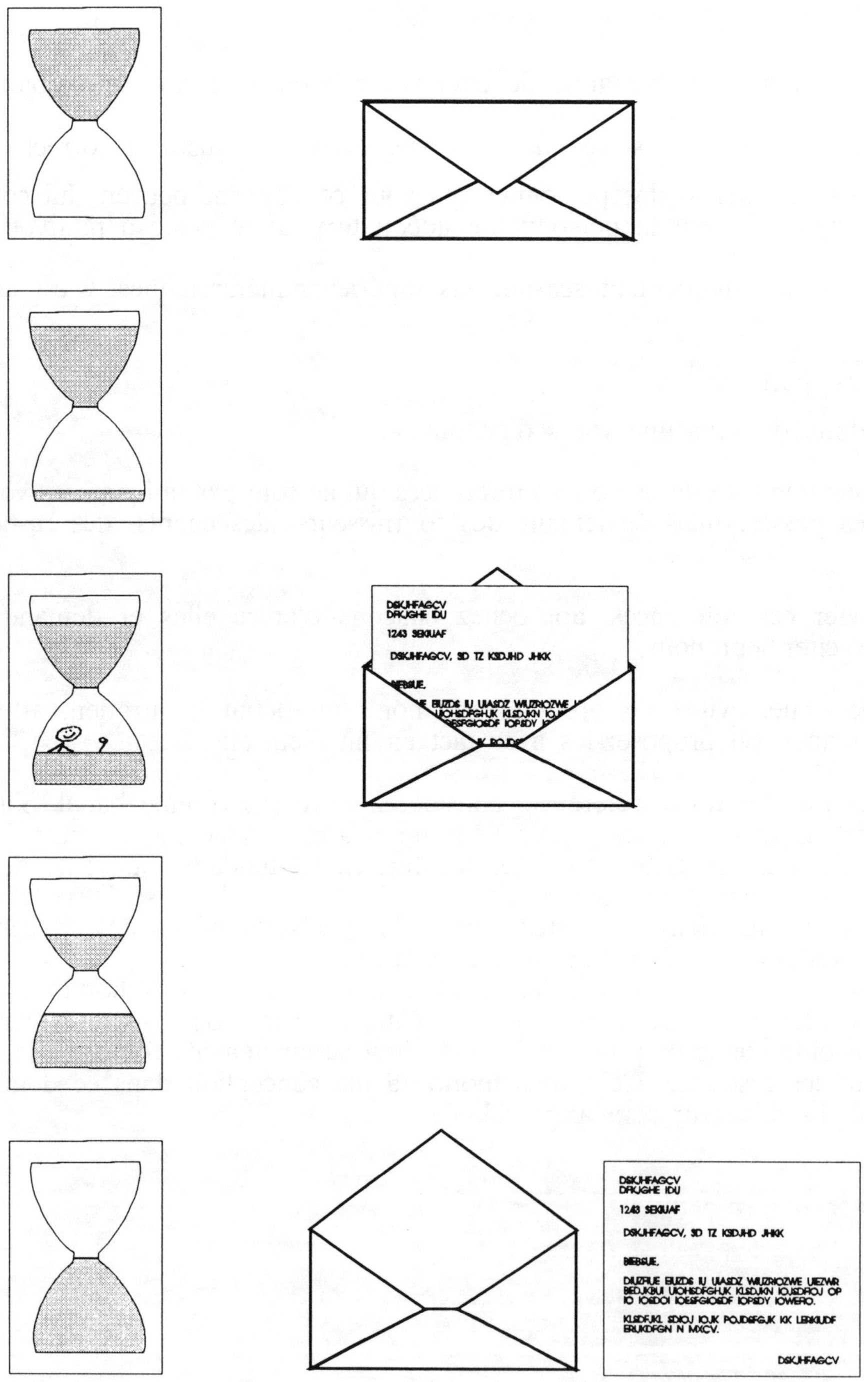

Présentez vos certificats de travail le plus tard possible.

CHAPITRE IX : LES REFERENCES

LES CERTIFICATS DE TRAVAIL

« Dans un certificat de travail, ce qui est intéressant, c'est tout ce qui n'est pas dit ! »

(Un vrai lecteur de certificats)

Le premier intérêt d'un certificat de travail c'est de sécuriser son détenteur.
Le second intérêt est de permettre à des recruteurs de vous éliminer grâce à tout ce que ces certificats ne disent pas.
Le troisième intérêt est de vous aider - parfois - dans votre recherche d'emploi.

Faites-vous « suivre » et non « précéder » par vos certificats. Ils doivent uniquement venir en appui et non pas servir de « brise-glace ». Attendez qu'on vous les demande.

On dit qu'il existe un code confidentiel circulant entre les responsables du personnel et servant à décrypter les certificats de travail. C'est vrai.
Ces codes existent, nous avons eu l'occasion de les consulter.
Par contre, leur utilisation est quasiment inexistante car beaucoup trop complexe et risquée pour les utilisateurs éventuels. Il s'agit plus d'un serpent de mer pour presse à sensation en mal de sujets, que d'une réalité quotidienne.

Il y a quelques siècles, dans certains métiers, on se tatouait le corps pour indiquer sa profession.

Dans un passé encore récent, on se perçait l'oreille pour porter un « joint » (une sorte de pendentif à l'oreille), ce qui prouvait son appartenance à une confrérie.

Nos parents possédaient un livret de travail.

Nous accumulons les certificats de travail.

Nos enfants auront sans doute une carte à puce magnétique.

Peut-être suffira-t-il à nos petits enfants de dire ce qu'ils aiment faire pour être embauchés...

Souvenez-vous des trois derniers produits avec « certificat de garantie » que vous avez achetés.

Avez-vous lu ces certificats avant l'achat ? Les avez-vous conservés ?

Méfiez-vous du piston.

CHAPITRE IX : LES REFERENCES
LE PISTON ET LES RECOMMANDATIONS

« On ne connaît pas de capitaine d'équipe qui le soit par piston ».

(Montherlant)

Si vous pouvez éviter le piston, faites-le.

Obtenir un emploi grâce à une recommandation vous met un « fil à la patte » dont vous ne réaliserez que bien plus tard le coût et les contraintes. Vous êtes moins libre dans vos propos ou dans vos actes. Et imaginez votre gêne vis à vis du « bienfaiteur » si le poste s'avère ne pas vous convenir !

C'est un véritable cadeau empoisonné. Il risque de vous propulser dans une fonction qui ne vous convient pas et dont vous n'oserez plus vous dégager en raison de la faveur qui vous a été faite.

Questionnez votre époux ou votre partenaire. Compte-t-il parmi ses amis une personne qu'il adore mais serait très gêné de recommander sur le plan professionnel.

Vous êtes peut-être cette personne pour un tiers.

10 00

Sélectionnez la bonne méthode de négociation de salaire.

CHAPITRE X : LE SALAIRE

LES 2 MEILLEURES METHODES DE NEGOCIATION

Il y a au moins autant de méthodes de négociation de salaire que de candidats et de recruteurs.

Nous en avons sélectionné cinq.

1. <u>Méthode du gâteau</u>

A la question « Combien souhaitez-vous gagner ? », répondez calmement : « Nous serait-il possible de calculer ensemble ce que, par mon travail, je peux apporter à votre organisation en termes d'augmentation de gains et/ou de diminution de coûts et/ou de suppression ou d'évitement d'erreurs ? »

Faites ce calcul sur une base de 3 ans et demandez alors comme rétribution une part (de 30 à 70 %) de ce « gâteau ».

La réaction de votre interlocuteur peut être de trois ordres.

* Il est entièrement convaincu par cette démonstration. Signez.

* Il ne vous suit pas du tout. Rabattez-vous sur une autre méthode de négociation.

* Il est ni contre ni pour. Il hésite. Faites-lui alors l'une des deux propositions suivantes :

  – acceptez le salaire qu'il vous offre, mais pour un taux d'activité ou un nombre d'heures moindre que prévu (par exemple proposez 80 % de votre temps),

  – ou bien, négociez avec lui un salaire de départ bas (voire même très bas). Convenez également que ce salaire sera réajusté dans les trois à neuf mois à venir ou dès que vous aurez atteint des objectifs convenus ensemble (en ayant soin de faire préciser les moyens qui seront à votre disposition dans la société). Incluez également une clause de rétroactivité du nouveau salaire vers le salaire de départ. Tenez vous prêt à négocier la longueur de cette rétroactivité.

  Bien sûr, tout accord de ce type doit être confirmé par écrit.

2. <u>Méthode de la concurrence</u>

Avant de négocier avec l'organisation qui vous attire le plus, négociez par ailleurs et en parallèle d'autres propositions d'emploi qui représentent pour vous votre second choix ou qui font partie de votre plan de repli. Si ces autres propositions vous intéressent moins, vous serez plus détaché pour les négocier, donc meilleur et plus efficace. Vous pouvez de la sorte vous retrouver avec plusieurs propositions assorties d'un salaire confortable.

Lors de la négociation avec l'organisation qui vous plaît le plus, dites-lui simplement : « J'ai à l'heure actuelle deux propositons fermes d'embauche dont l'une pour un salaire de XXX francs ». Si c'est le cas, précisez que cette autre proposition concerne un emploi très semblable à celui que vous êtes en train de négocier. Ensuite, restez silencieux et laissez votre interlocuteur parler.

Pour bien comprendre ces cinq méthodes apprenez à les expliquer.

Variez les méthodes de négociation de salaire.

CHAPITRE X : LE SALAIRE

LES 3 AUTRES METHODES USUELLES

« En négociation, une méthode qui marche est appelée une bonne méthode. Si, dans d'autres circonstances, cette même méthode ne marche pas on l'appelle alors une mauvaise méthode ».

(Un négociateur)

3. Méthode du plancher et du plafond

Si le poste à pourvoir comporte un groupe de personnes à commander, renseignez-vous en cours d'entretien sur leur profil : âge moyen, formation, mentalité... salaire moyen et salaire maximum. Puis changez de sujet. Le salaire maximum touché par l'un de ces futurs collaborateurs vous indique votre salaire plancher (à 10 ou 30 % près).
Par ailleurs devinez le salaire approximatif de votre futur responsable hiérarchique. Il vous indique votre plafond.
Avec le plancher et le plafond vous pouvez « meubler la pièce ! »

4. Méthode de l'escalier

Cette méthode est très facilement applicable si l'on vient vous débaucher alors que vous êtes en poste. Avant d'annoncer votre salaire actuel, demandez à celui qui vous approche le chiffre qu'il a en tête et qu'il est prêt à vous offrir. Cela vous donnera une première indication. Ne parlez pas le premier. C'est lui le demandeur, c'est à lui de parler en premier.

Une variante, si l'on vient vous débaucher, consiste à dire à votre vis à vis que vous n'envisagez pas un changement à moins de X % d'augmentation de salaire (X % étant compris entre 10 et 40 %). Négociez alors ce X %. Puis, une fois d'accord sur ce pourcentage d'augmentation, annoncez votre dernier salaire.

5. Méthode de l'enquête

C'est la moins bonne des méthodes. Ne l'utilisez donc qu'en cas extrême. Elle consiste à vous référer à une enquête sérieuse dont vous avez eu connaissance et qui montre que quelqu'un qui comme vous est né en 19XX, a N enfants, est marié depuis X années et possède un diplôme XYZ, dans le secteur du XXX et souhaite travailler dans une entreprise de moins de YYY personnes, doit logiquement gagner ZZZ francs...

Choisissez deux méthodes parmi les cinq qui ont été exposées ci-dessus. Baptisez celle qui vous plaît le plus votre « méthode de premier choix » et celle qui vous inspire le moins « votre méthode de repli ».

Gardez bien présent à l'esprit le coût de la vie.

CHAPITRE X : LE SALAIRE

LE COUT DE LA VIE

« Existe-t-il un pays où le coût de la vie décroît régulièrement chaque année ? »

Si vous envisagez d'accepter un emploi entraînant un déménagement, donc impliquant une inconnue « coût de la vie », observez les deux règles suivantes.

* Première règle.

Renseignez-vous sur le coût de la vie de la ville en question. Si vous changez de pays informez-vous également sur les impôts et charges sociales qui vont grever votre salaire. Pour cela, téléphonez autour de vous ou achetez les magazines qui publient régulièrement les indices comparatifs de coûts de la vie entre différentes villes ou pays.
Si vous n'en trouvez pas sachez que les compagnies aériennes en possèdent et les communiquent facilement aux organisations.

* Deuxième règle.

Si vous devez déménager et que vous ayez de la famille ou possédiez un bien immobilier, soyez prudent, procédez en deux temps. Ne déménagez pas tout de suite. Dans un premier temps, vivez dans un hôtel, une chambre ou un studio situés dans la ville de votre nouvel employeur. Après six à douze mois,et si tout va bien, déménagez.
Si votre employeur s'étonne de votre prudence, prétextez une situation scolaire d'enfants particulièrement délicate que vous ne voulez pas remettre en question par un changement trop soudain d'école. Si vous n'avez pas d'enfants, vous avez peut être une situation personnelle qui demande six à huit mois pour être réglée ...

Faites la liste de huit postes de dépenses. Chiffrez-les pour votre propre ville puis réalisez le même calcul dans la ville de vos rêves. Utilisez comme postes : loyer, repas au restaurant, billets de bus,
etc...

Calculez la différence.

Entraînez-vous pour réussir votre négociation de salaire.

CHAPITRE X : LE SALAIRE

L'ENTRAINEMENT A LA NEGOCIATION

Si vous faites partie des 99 personnes (sur 100) qui éprouvent de la gêne lors de la négociation de salaire, alors lisez ce qui suit...

Il est toujours délicat et embarrassant d'avoir le sentiment que quelqu'un vous colle une étiquette de prix sur le front et que vous l'aidez à la fixer.

Comment éviter ce type de situation ? En utilisant par exemple les quatre idées, techniques ou concepts exposés ci-dessous.

1. Persuadez-vous que vous n'êtes pas un produit que l'on achète. Vous ne vous vendez pas. Vous n'êtes pas à vendre. Considérez-vous comme une entreprise individuelle de services qui loue son temps ou offre ses prestations.
   Si votre interlocuteur est dur et âpre avec vous, sachez qu'il vit les mêmes affres et douleurs que vous lorsqu'il négocie son augmentation de salaire avec son supérieur hiérarchique.

2. Dites-vous qu'une négociation de salaire qui s'étire, ne prolonge votre douleur que de deux ou quatre minutes supplémentaires. Cette souffrance éphémère en vaut bien la peine, puisqu'elle peut vous apporter jusqu'à 10 à 20 % de salaire en plus.
   Combien de mois vous faut-il travailler pour obtenir ces 10 à 20 % ?
   Si vous avez la chance d'avoir une famille, persuadez-vous que ce n'est pas vous qui négociez ce salaire mais le chef d'une famille qui défend les intérêts de sa micro-société et en particulier le mieux-être de ses enfants.

3. Entraînez-vous encore et encore. L'expérience montre qu'en réalisant entre quinze et vingt simulations de négociation de salaire vous cessez de commettre les erreurs de base et devenez vite performant. Ces simulations ne doivent durer que deux ou trois minutes chaque fois.

4. Et souvenez-vous du vieux dicton de la négociation de salaire : « moins vous parlez, mieux cela vaut ».

Un conseil : même si cela vous rebute, allez sur un marché aux puces et entraînez-vous à négocier l'acquisition d'objets qui ne vous intéressent pas.

Parlez « net » quand il s'agit de salaire.

CHAPITRE X : LE SALAIRE

LE SALAIRE NET OU LE SALAIRE BRUT

Le candidat : « Je raisonnais salaire brut, le recruteur pensait salaire net ».
L'ami : « Et alors ? »
Le candidat : « Alors quoi ? J'y ai laissé des plumes ».

Un bon candidat négocie toujours sur une base nette et un bon recruteur toujours sur une base brute.

Il existe trois niveaux de définition de salaire :

* le salaire net est égal à ce qui vous est versé par l'organisation après déduction des charges sociales qui vous incombent. Si le salaire brut est de 100 francs le salaire net varie entre 80 et 95 francs selon les pays.
  Dans certains pays, il existe deux types de salaire net : le salaire net avant impôt et le salaire net après impôt. Dans ce dernier cas l'employeur vous retient l'impôt « à la source » qu'il reverse ensuite à l'Etat ou au service des impôts.
* le salaire brut est égal au salaire net auquel viennent s'ajouter les charges sociales qui vous incombent,
* la masse salariale est égale à votre salaire brut, plus les charges patronales que doit payer votre employeur. Si votre salaire brut est de 100 francs, la masse salariale varie d'environ 120 à 160 francs selon les pays. Votre employeur doit verser ces 20 à 60 francs supplémentaires aux divers fonds sociaux.

Un bon recruteur définit toujours la base de salaire (net ou brut) avant de discuter chiffres.

Quel que soit l'accord convenu, il est capital de consigner par écrit dans une lettre d'engagement ou un contrat :

* le salaire mensuel ou annuel convenu ;
* la base de ce salaire : net ou brut ;
* la monnaie utilisée ;
* la date de paiement : en début de mois, en milieu de mois, en fin de mois (le deux ou le dernier jour du mois) ;
* le nombre de mois payés par an ;
* et d'autres informations ou avantages divers que vous avez été amené à négocier.

Divisez votre dernière masse salariale par votre dernier salaire net. Vérifiez que votre quotient est compris entre 1,5 et 2,5.
Quelle leçon en tirez-vous ?

10 10

Calculez ce que vous coûtez et ce que vous rapportez.

CHAPITRE X : LE SALAIRE
VOTRE COUT, VOTRE APPORT

L'employeur : « Vous me coûtez cher ! »

L'employé : « Je vous coûte cher ? Cher par rapport à quoi ? »

Un employeur peut mesurer votre incidence financière comme collaborateur de trois façons. Il peut vous considérer comme un « moins », un « plus » ou une « différence ».

1) <u>un « moins »: ce que vous allez lui coûter.</u>

S'il fait mal ses comptes, il ne regardera que votre salaire.

S'il calcule mieux, il considérera votre masse salariale (c'est-à-dire votre salaire de base plus les charges sociales soit 120 à 160 % de votre salaire de base, ce taux variant selon les pays).

Si c'est un meilleur gestionnaire, il ajoutera à votre masse salariale, vos coûts directs ou induits. Il arrivera ainsi facilement à votre coût total soit, deux à trois fois votre salaire de base.
Dans certaines organisations particulières (par exemple dans le domaine de la recherche) votre coût pour l'organisation peut être de 10 à 50 fois votre salaire de base.

2) <u>un « plus »: ce que vous pouvez lui apporter et/ou lui économiser ou lui éviter comme erreurs.</u>

Si l'employeur a une vue plus positive, il mesurera ce que - par votre travail - vous pouvez apporter à son organisation, votre contribution pouvant se matérialiser par :

* des augmentations de gains, (augmentations des ventes, découverte de nouveaux clients, modification d'un produit entraînant une élévation du prix de vente...) ;
* par des diminutions de coûts (rationalisation de la production, accélération de la distribution interne, analyse de la valeur, meilleures sources d'approvisionnement...) ;
* par la suppression ou l'évitement d'erreurs (mise en place d'une procédure de contrôle des coûts, amélioration d'une clause discutable d'un contrat, couvertures habiles dans le domaine de l'assurance...).

3) <u>une « différence »: la différence ou le rapport entre le premier et le second point ci-dessus.</u>

Tout l'art consiste à démontrer qu'il existe une relation saine entre ce que vous allez coûter et ce que vous allez rapporter. Toutes professions confondues, ce rapport est de l'ordre de 3. C'est-à-dire qu'une personne qui coûte 100 francs à une organisation doit, par son travail, lui permettre d'augmenter ses gains et/ou de diminuer ses coûts et/ou de lui supprimer ou éviter des erreurs pour un montant correspondant environ à 300 francs. Ceci bien sûr n'est qu'une moyenne et ce calcul doit être fait sur le long terme.

Dans votre dernier emploi étiez-vous : un plus, un moins ou une différence ?

10 12

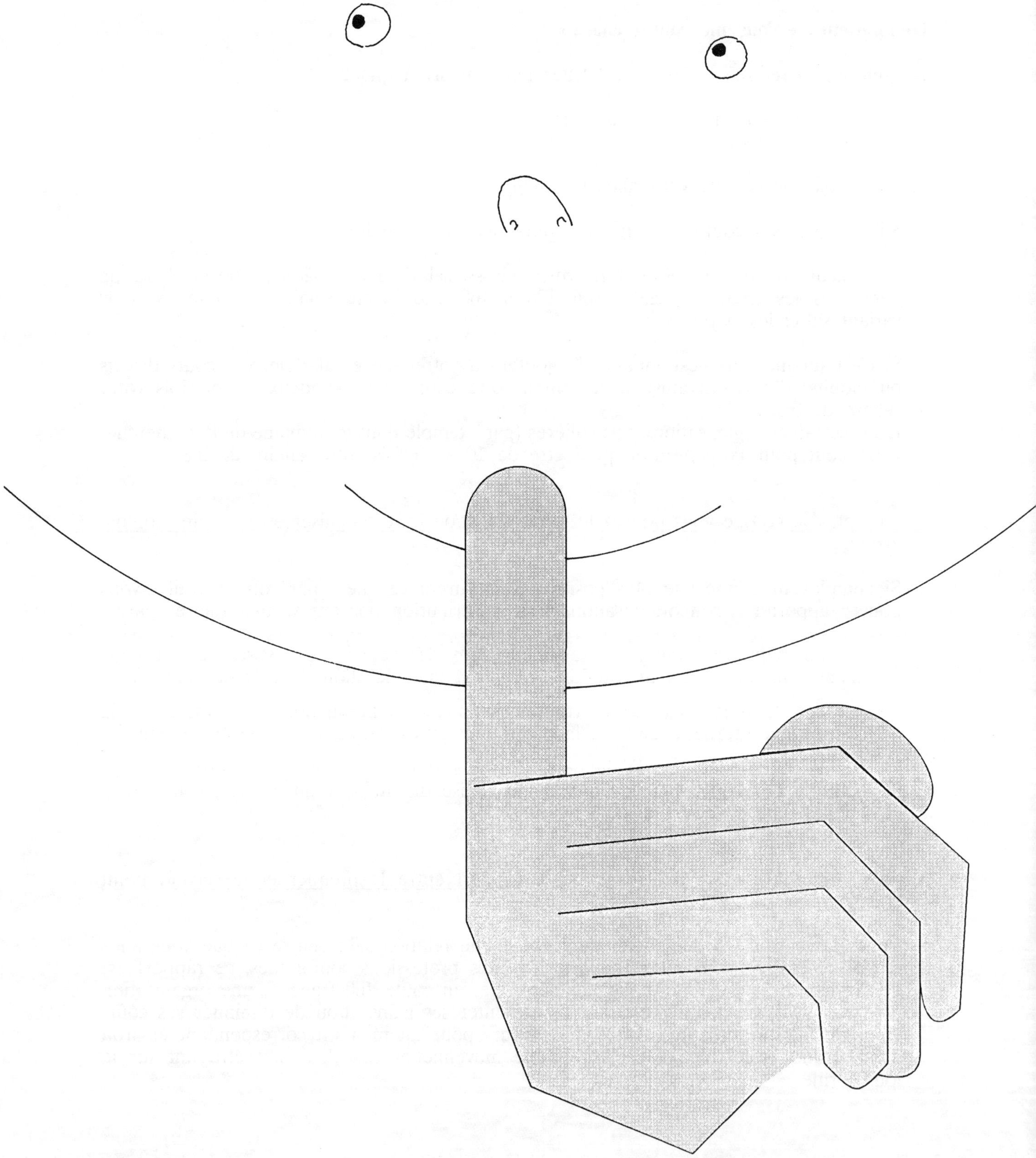

Négociez votre salaire en parlant le moins possible.

CHAPITRE X : LE SALAIRE
L'ART DE VOUS TAIRE

Il est plus facile d'obtenir en vous taisant, 1 000 francs de plus sur votre salaire de départ que 500 francs d'augmentation un an plus tard, une fois dans le poste.

En fait, c'est au moment de l'embauche que la souplesse de négociation de salaire est la plus grande. Tout est nouveau pour le recruteur et de nombreux paramètres n'ont pas encore été fermement établis. Après un an, les paramètres sont définis et stabilisés et il devient plus difficile de négocier une augmentation de salaire. Plus le temps passe, plus cette difficulté augmente.

Dans le cours d'un entretien la négociation de salaire dure environ 3 minutes. Si vous divisez le montant en jeu (3 à 5 ans de votre futur salaire annuel) par la durée de la négociation (180 secondes soit 3 minutes à 60 secondes) vous découvrirez le coût d'une seconde de négociation !!! ! Ce chiffre est faramineux.

La personne qui parle trop lors d'une négociation de salaire se met presque toujours en position de faiblesse. Le silence est constructif. Pour vous aider à rester silencieux, fixez les yeux ou les sourcils de votre interlocuteur et comptez sur vos doigts pour « occuper » le silence (comptez sous la table, bien évidemment !)

Pour un salaire annuel fixé arbitrairement pour la facilité des calculs à 100 000 francs et dans un emploi ou vous pensez rester 3 ans l'enjeu est de 300 000 francs.
Si la négociation dure 3 minutes (180 secondes), chaque seconde coûte ou vaut 1666.- francs.

$$\frac{3 \times 100\,000 = 300\,000 \text{ francs}}{3 \times 60 = 180 \text{ secondes}} = 1\,666 \text{ francs/seconde}$$

Faites le calcul pour le salaire que vous visez.

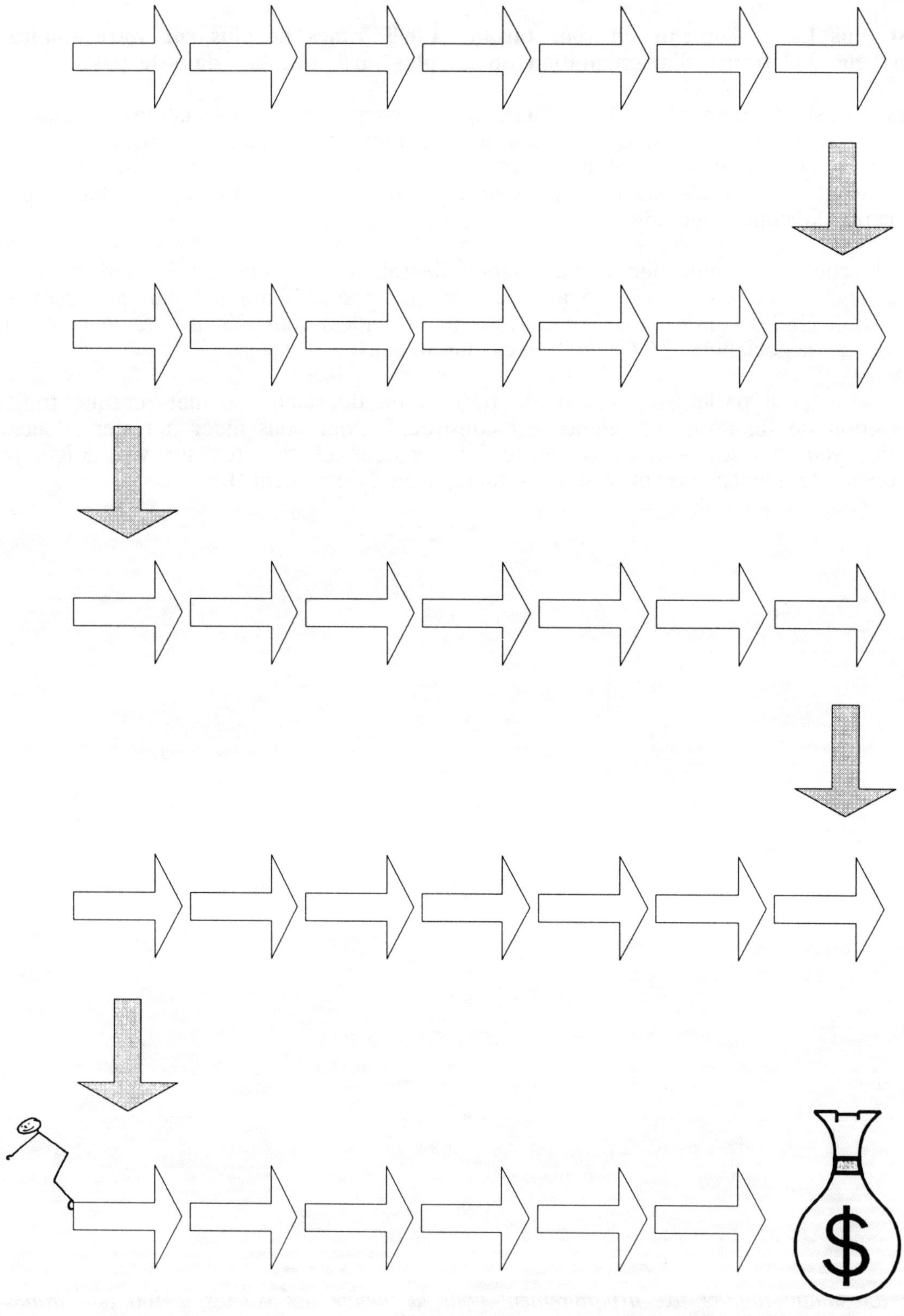

Repoussez au plus tard possible la négociation de salaire.

CHAPITRE X : LE SALAIRE

REPOUSSEZ LA DISCUSSION

« A table, je ne suis jamais le premier à porter mon verre à mes lèvres. De même, en entretien, je laisse toujours au recruteur le soin d'aborder le premier la question du salaire. »

(Un candidat averti)

La négociation de salaire ressemble un peu à l'ascension d'une montagne aux pentes raides et dont le sommet est constitué par un grand plateau.

Lorsque vous êtes en phase d'ascension, (sur les pentes raides) considérez comme tabou le sujet « argent, salaire, rémunération ». Par contre, dès que vous avez atteint le plateau (le sommet de la montagne) et que vous êtes persuadé d'y être bien installé, alors, et alors seulement, parlez « gros sous ».

L'ascension de cette montagne imaginaire correspond aux différentes phases de l'entretien :

* en tout début d'entretien, le recruteur vous demande d'abord de vous présenter,
* puis, si vos réponses lui plaisent, il pense que « vous n'êtes pas si mal »,
* si vous persistez sur le bon chemin il vous trouve même « bien »,
* ensuite il juge opportun de vous offrir un emploi,
* enfin, à cette envie de vous engager vient se mêler la crainte de vous voir engagé par une organisation concurrente.

Il vous est bien sûr difficile de savoir avec certitude quand vous vous trouvez sur le plateau. Plusieurs indices peuvent vous y aider :

* le regard de votre interlocuteur,
* le ton qu'il emploie,
* le temps grammatical qu'il utilise (le futur est un bien meilleur signe que le passé),
* l'emploi qu'il fait du « nous » ou du « vous » : Il pourra dire « nous pourrions.. ». ou « ... dans le cadre de ce job vous pourriez aussi... »
* l'attitude faussement spontanée qu'il emprunte : « Je raisonne à voix haute. Et si nous vous faisions une proposition ? »
* et enfin la proposition directe : « Voulez-vous travaillez chez nous ? »

C'est lorsque vous avez pris pied sur le plateau que vous pouvez et devez aborder la question du salaire. Mais laissez l'initiative à votre interlocuteur !

Dans votre vie, quels sont les trois domaines où vous prenez toujours soin de laisser aux autres l'initiative ?

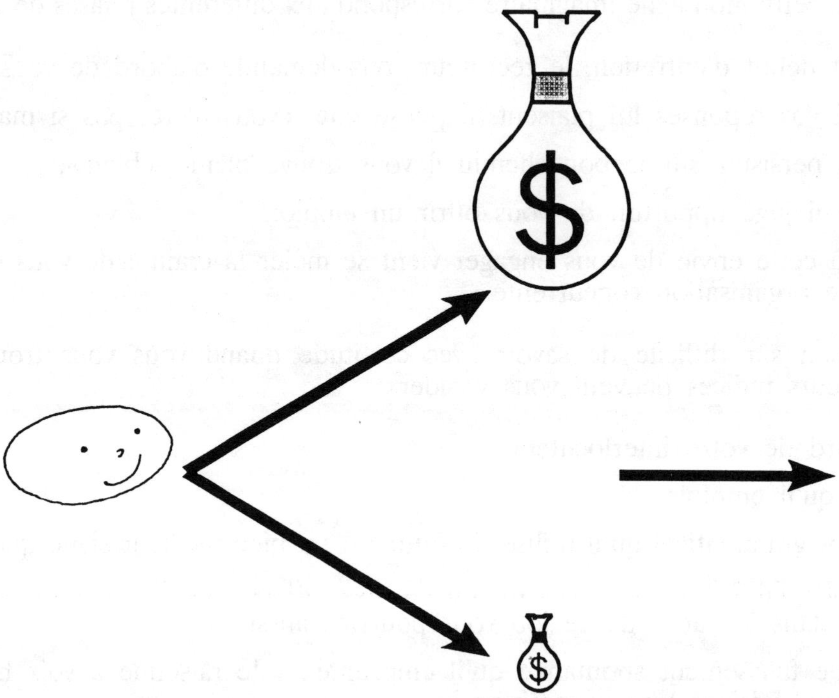

Annoncez une « fourchette » comme salaire souhaité.

CHAPITRE X : LE SALAIRE

L'ESTIMATION DU « **JUSTE PRIX** »

« Un peu plus ! »

A la fin d'un western et dans le duel final entre les deux héros (le bon et le méchant), c'est le premier qui bouge l'auriculaire pour dégainer qui, en général, meurt.
De même, dans une négociation de salaire, le premier qui parle est souvent pénalisé. N'abordez jamais le premier la question du salaire. Si votre interlocuteur le fait, profitez-en pour lui retourner la question en disant par exemple : « Tiens, puisque vous abordez ce sujet, qu'avez-vous vous- même budgété pour ce poste ? » Essayez de ne pas prononcer de chiffre, même si on vous le demande. Si on vous presse de le faire, donnez plutôt une fourchette.

En prononçant un seul chiffre (le chiffre du salaire que vous visez), celui-ci risque d'être :

* trop bas et de jeter le doute dans l'esprit quant à vos réelles capacités,
* trop élevé et de geler les négociations en décourageant votre interlocuteur,
* très près de celui que votre recruteur a en tête et donc de vous fermer une porte pour une négociation éventuelle qui vous permettrait de déboucher sur un salaire légèrement plus élevé (de 10 à 20% !).

Comme il est extrêmement difficile de donner le bon chiffre, vous avez toujours intérêt à indiquer une fourchette large, voire très large dans laquelle se trouve le chiffre que le recruteur a très certainement en tête.

N'utilisez pas une fourchette étroite du genre 100-115 mais dites plutôt quelque chose du style 100-160.

Si votre interlocuteur trouve cette fourchette beaucoup trop large, dites-lui que vous comprenez son point de vue et que vous êtes d'accord avec lui. Ajoutez que vous ne pourrez resserrer cette fourchette que lorsque vous connaîtrez les quatre autres éléments qui composent le panier emploi c'est-à-dire : vos futures responsabilités dans ce poste, vos possibilités de promotion au sein de son groupe, la politique de formation dont vous bénéficierez et enfin des précisions sur l'aspect hiérarchique de votre poste.

Allez rencontrer ou acceptez de recevoir deux à trois vendeurs agressifs, accrocheurs et performants (par exemple dans le domaine des photocopieurs, des automobiles, des assurances...).
Regardez-les négocier.
Relevez leurs erreurs... mais aussi leurs points forts.

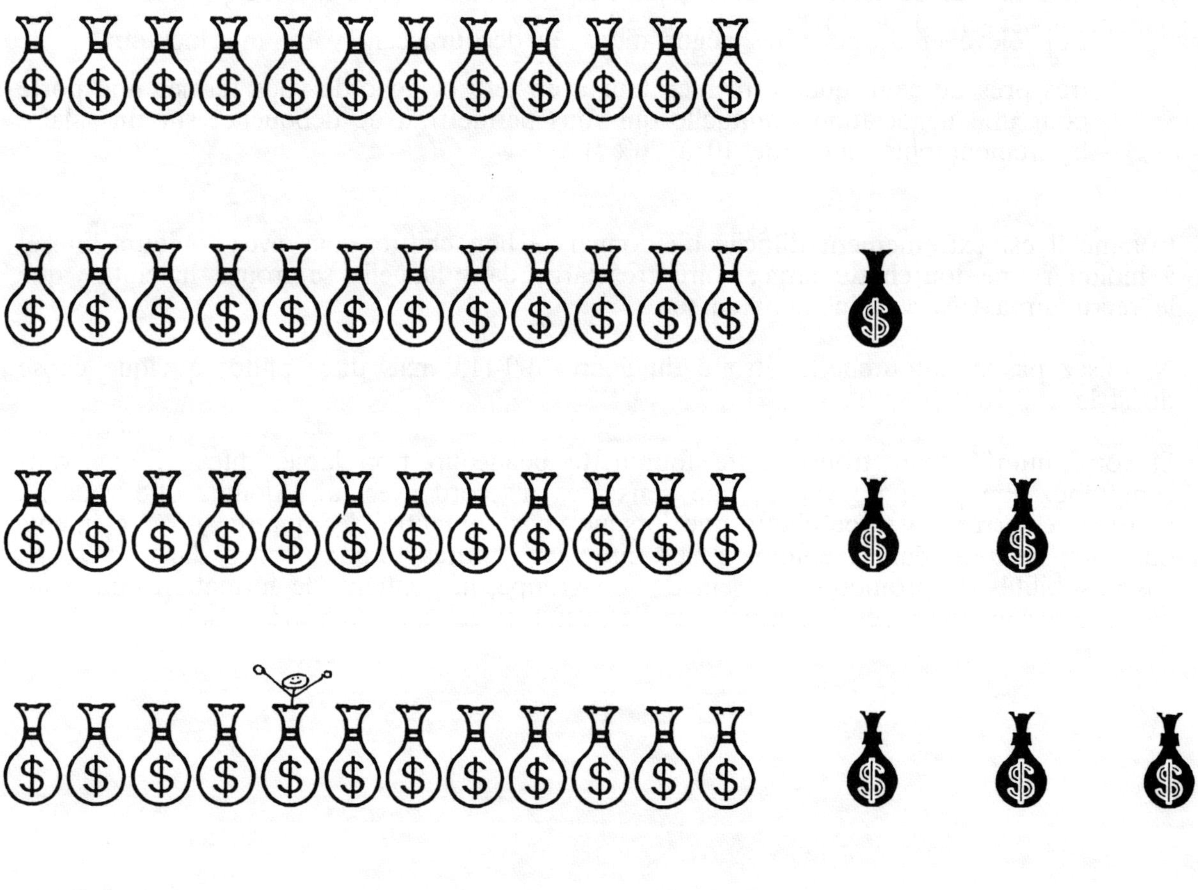

Discutez votre salaire de préférence sur une base mensuelle.

CHAPITRE X : LE SALAIRE

CHOIX ENTRE BASE MENSUELLE ET BASE ANNUELLE

Un bon candidat négocie toujours sur une base mensuelle.
Un bon recruteur négocie toujours sur une base annuelle.

Pourquoi ? Parce que l'organisation qui recrute peut avoir pour habitude de verser 13 ou 14 mois de salaire. Cela devient pour ses membres une réalité si banale qu'ils ne peuvent penser que vous l'ignorez.

Pour le recruteur en poste depuis plusieurs années dans une organisation qui pratique les 13 ou 14 mois de salaire, il va de soi que vous connaissez le nombre de mois payés annuellement dans son organisation.

En négociant sur une base mensuelle, vous pouvez gagner par cette méthode un ou deux mois de salaire de plus (soit 8 à 16 %). En vous mettant d'accord dans un premier temps sur un salaire mensuel vous aurez peut être la chance de voir ce chiffre multiplié spontanément par 13 ou 14 par votre interlocuteur.

Apprenez à passer très vite de votre salaire mensuel à votre salaire annuel, à l'endroit, à l'envers, sans fumer et en fermant les yeux !!!

10 20

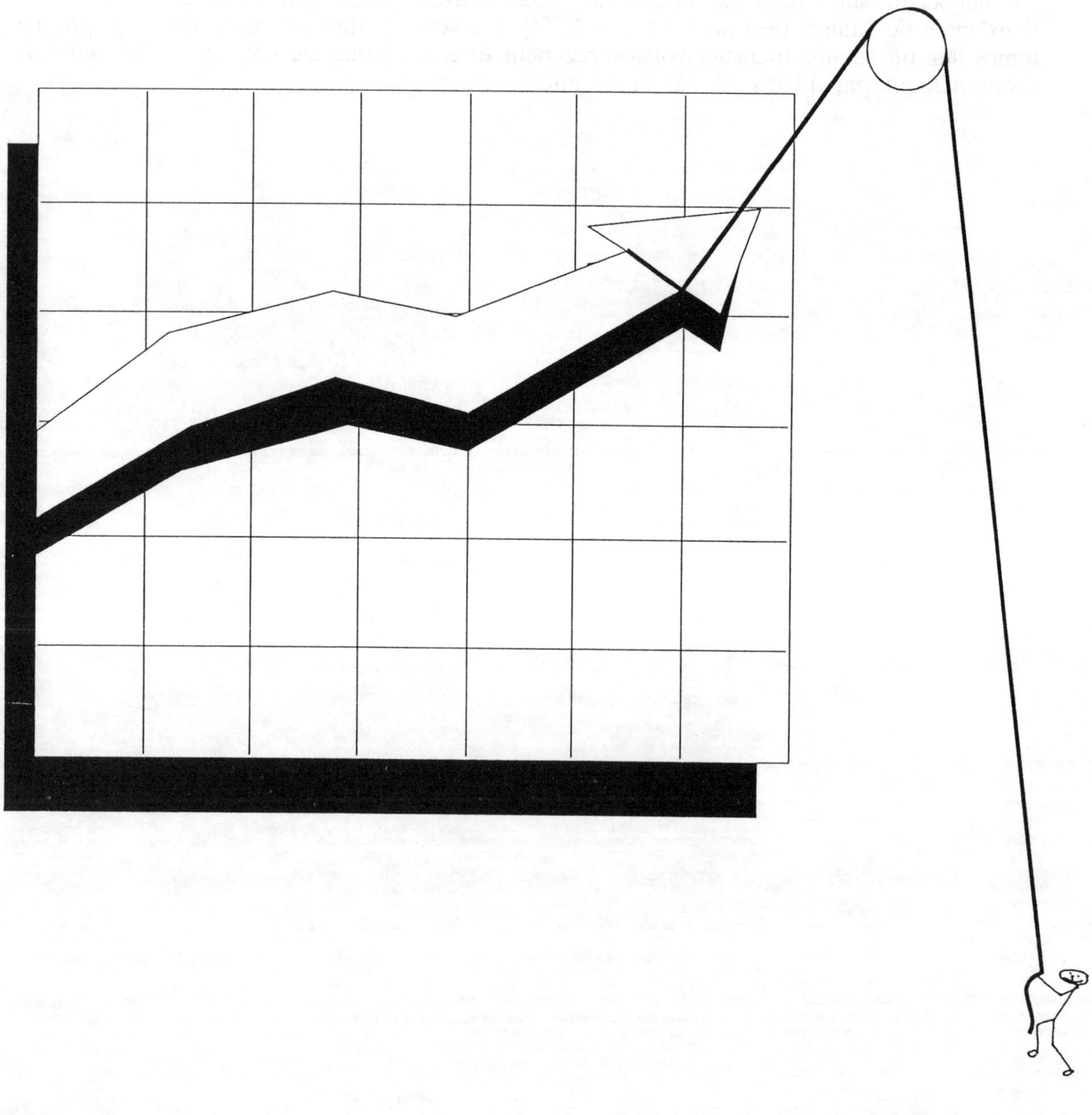

Maîtrisez grilles et courbes de salaire.

CHAPITRE X : LE SALAIRE

LES GRILLES ET COURBES DE SALAIRE

« Quand on aime on ne compte pas »

Dans de nombreuses organisations (et pas uniquement dans les grosses multinationales comme cela est souvent dit) il existe des grilles de salaires. Elles servent à normaliser les situations et à faciliter (en principe) les prises de décisions de rémunération lors de mutations ou d'engagements.

Ces grilles sont bien sûr confidentielles et servent d'excellent prétexte aux recruteurs pour refuser de négocier.

L'expérience montre (quoi qu'on vous dise) qu'il est parfois possible de prendre un emploi pour lequel une grille existe sans être nécessairement placé sur cette grille.

Trois cas de figure peuvent se présenter quand une grille existe et qu'un salaire vous est proposé :

* Premier cas : vous pouvez démarrer un peu au-dessous de votre grille (ce que nous ne vous souhaitons pas). Vous pouvez aussi obtenir de démarrer légèrement au-dessus de cette grille (jusqu'à 10 à 20 % !) ; mais sachez alors que dans ce dernier cas, le département du personnel saura vous ramener sur la grille dans les deux ou trois ans qui suivent votre embauche.

* Deuxième cas : vous pouvez vous faire embaucher sur la base de la grille de salaire mais négocier en même temps certains avantages en nature.

* Troisième cas : il est parfois beaucoup plus facile de vous faire embaucher sur une autre grille (courbe) située bien au-dessus de celle qui était initialement prévue (à 20 ou 50 % au-dessus !) que d'obtenir 2 à 5 % de plus que la courbe initiale. Pour cela, il vous suffit de reprendre la description de fonction du poste envisagé et de repenser les tâches. Eliminez-en certaines et faites-en inclure de nouvelles à plus fortes responsabilités.

Souvenez-vous d'un objet que vous vouliez absolument avoir et que vous avez réussi à obtenir.

Comment vous y êtes-vous pris ?

Débattez avec fermeté des primes, avantages et indemnités.

CHAPITRE X : LE SALAIRE

LES PRIMES ET AVANTAGES DIVERS

Normalisation, indices, coût de la vie, grilles, points hiérarchiques...
Les formules classiques sont omniprésentes.

Vivent les nouvelles formules....

Si des compensations, des avantages en nature, des primes, des indemnités etc ... vous sont promises, faites-les confirmer par écrit. Vous pouvez les faire consigner :

* dans votre lettre d'engagement,
* dans votre contrat,
* sur un avenant à ce contrat.

Ces avantages divers ne cessent de croître. Ceci est dû à la normalisation des salaires dans les entreprises et au désir de nombreux employeurs d'intéresser leurs employés.

Les formules d'intéressement classiques et nouvelles cohabitent souvent.

* Les formules classiques sont connues : fixe plus intéressement ou commission, elles laissent souvent peu de marge de manoeuvre.

* Par contre, les formules nouvelles dites « de négociation positive » sont en train de se développer. Elles répondent à trois règles ou principes. L'avantage ainsi offert par une organisation à son employé futur doit être tel qu'il :

  1. ne coûte rien (ou très peu) à l'employeur, mais représente beaucoup pour l'employé,
  2. ne puisse pas être facilement généralisé pour ne pas constituer un précédent sur lequel pourront s'appuyer des employés de cette organisation pour revendiquer le même avantage,
  3. ne soit pas vu ou exposé de façon trop provocante aux employés de cette organisation.

  Vous en trouverez des exemples à la page suivante.

En questionnant vos relations identifiez dix avantages en nature possibles.

Choisissez habilement vos avantages en nature.

CHAPITRE X : LE SALAIRE

LES AVANTAGES EN NATURE

Lui : « Ah ! si j'avais su ! »
Elle : « Dis plutôt que tu n'a pas osé demander ! »

Accès à une possibilité d'échange de marchandise.
Aide financière (voir Crédit).
Assurance spéciale.
Check-up médical annuel.
Commission sur certaines opérations dont vous êtes le maître d'oeuvre.
Congés non payés.
Cours de formation.
Crédit à taux d'intérêt faible ou nul (vacances, construction...).
Emploi pour l'époux ou l'épouse.
Enfants : prise en charge des frais concernant l'éducation des enfants.
Horaire aménagé, flexible ou libre.
Jetons de présence.
Journées non travaillées en échange d'heures supplémentaires.
Journées payées ou non payées pour intervenir à l'extérieur (conseil, enseignement).
Loyer (voir Participation de l'organisation à votre loyer).
Mise à disposition de certains moyens (auto, micro-ordinateur à domicile, logement...).
Obtention de mandats sociaux dans les filiales (mandats bénévoles ou rémunérés).
Paiement d'heures supplémentaires.
Parking pour la voiture.
Participation au bénéfice ou au cash-flow...
Participation au capital.
Participation de l'organisation à votre loyer.
Points personnels supplémentaires de compétence attribués par rapport à la grille de notation.
Possibilité d'acquérir des produits ou services de la société au prix de revient ou gratuitement.
Possibilité de travailler après la retraite comme consultant.
Prêt à très faible taux d'intérêt.
Prime de bilan, de réussite ou d'intéressement.
Prime d'embauche (« joining fee »).
Remboursement ou prise en charge de certains frais ou dépenses spéciales.
Secrétaire ou assistant supplémentaire.
Suppression de la période d'essai.
Sur-salaire (complément de retraite, surcapitalisation d'assurance...).
Téléphone privé pris en charge en partie/en totalité.
Voiture.
Voyage d'accompagnement de l'époux ou de l'épouse offert lors de certaines missions.

Questionnez les personnes qui vous entourent. Ont-elles eu vent d'un avantage en nature ? Il y a fort à parier que trois personnes sur cinq vous répondent positivement.

CONCLUSION

Vous êtes arrivé à la conclusion... et bien restez-y une minute, même si vous n'avez pas lu toutes les pages de ce livre ou si vous faites partie de ceux qui lisent la conclusion en premier.

Avant de nous quitter, permettez-moi de vous rappeler quelques réactions positives qui vous aideront à garder le moral et à écarter les embuches de l'entretien d'embauche.

Vous avez le trac ? *Vous êtes tout à fait normal !*

Vous êtes paralysé d'angoisse ? *Informez-vous sur le contenu de la fonction pour laquelle vous postulez !*

Vous pensez que vous allez échouer ? *Souvenez-vous que toutes les personnes en poste ont un jour échoué avant d'avoir réussi !*

Vous craignez d'être coincé sur vos points faibles ? *Dites-vous que si on vous a convoqué c'est que l'on a nécessairement trouvé chez vous quelque chose qui intéresse et que vous ignorez peut-être !*

Vous ne saurez pas répondre à toutes leurs questions ? *Alors vous n'aurez qu'à rester silencieux et à sourire !*

Vous ne saurez pas quel salaire demander ? *Tant mieux, vous ne direz rien et ils parleront les premiers !*

Vous risquez d'essuyer un refus et de voir décliner votre candidature ? *Tant pis pour eux, vous êtes le mieux plaçé pour savoir ce qu'ils perdent !*

Vous appréhendez vos émotions ? *Tant pis et tant mieux, vous ne serez que plus naturel donc probablement plus enthousiaste si le poste vous intéresse !*

Vous ne trouverez pas les réponses à certaines de leurs questions ? *Dites-leur que vous ne les connaissez pas, ils apprécieront votre spontanéité et votre honnêteté !*

Le fait même d'avoir lu VOTRE ENTRETIEN D'EMBAUCHE : 107 CONSEILS POUR LE REUSSIR vous a déjà fait réussir à moitié vos entretiens ! Vous savez ce qui vous attend et vos interlocuteurs ne savent pas...que vous le savez.

Recevez tous mes souhaits pour que deux entretiens au moins débouchent chacun sur une proposition, soit deux propositions fermes d'embauche.

Que ces deux propositions soient impossibles à départager ! Que ce dilemme vous procure deux ou trois nuits blanches ! Ce sera la preuve que les idées de ce livre sont réalistes, efficaces et utiles.

INDEX ALPHABÉTIQUE

Accélération 7.29
Accélération du rytme voir Rythme
Analyse de fonction/du poste 6.39
Analyse de poste (PIE) voir PIE
Apparence physique
- Chaussures 4.01
- Données statistiques 4.03
- Look 4.01
- Mains 4.01
- Odeurs 4.03
- Posture 4.11
- Propreté 4.01, 4.03
- Regard 4.09
- Style vestimentaire 4.05
- Vêtements/habillement 4.05

Approche risques 6.23
Art de poser des questions (L') voir Question
Attente avant l'entretien 6.17
Attitude du candidat 6.07, 6.09
Avantages en nature voir Salaire

Bilan de l'entretien 6.55
Bluff 6.37
Bonnes manières voir Manières
Bonnes questions voir Questions
Bonnes références voir Références
Buts du candidat voir Objectifs
Buts du recruteur voir Objectifs

Cabinet de recrutement/placement 1.07, 1.13, 1.15
Cascades (Entretiens en) 5.09
Certificat de travail voir Références
Chasseurs de têtes 1.09
Chaussures voir Apparence physique
Chef du personnel 1.11
Chiffres 6.47
Chiffres à mentionner/utiliser 6.49
Choix entre plusieurs propositions 6.63
Choix multiple (Questions à) voir Questions
Choses à faire avant l'entretien 2.09, 6.01, 6.05, 6.11, 6.13
Choses à faire durant l'entretien 6.27
Choses à ne pas faire durant l'entretien 6.29
Clôture 6.51
Combien demander voir Salaire
Compensation voir Salaire
Comportement du recruteur 5.03, 5.11
Compte rendu de l'entretien 6.55
Conditions matérielles voir Salaire
Confiance en soi 6.07
Confirmation 7.27
Confort 6.07
Contact (Premier) voir Premier contact
Contrat 6.65
Convocation à un entretien 6.11
Corps de l'entretien 6.25, 6.41
Courbe plateau voir Salaire
Courbes de salaire voir Salaire
Coût à la minute voir Salaire
Coût d'un employé voir Salaire
Coût de la vie voir Salaire

Débouchés possibles d'un entretien 1.19
Début de l'entretien voir Entame
Décision (Repousser une) 6.59
Défauts et qualités voir Question
Définition de fonction voir Analyse
Démarche 4.07
Déplacement (Frais de) voir Frais
Dernières minutes avant l'entretien 6.13
Déroulement d'un entretien 6.19, 6.21, 6.51
Description de fonction voir PIE
Détails pratiques avant l'entretien 6.05
Détails vestimentaires voir Apparence physique
Différents comportements de recruteurs voir Recruteurs
Différents types d'entretiens 1.05
Différents types de minorités voir Minorités
Différents types de recruteurs voir Recruteurs
DRH 1.11
Durée de l'entretien 1.17
Durée des réponses 6.33

Entame
- Début de l'entretien 6.21
- Entame de l'entretien 6.21

Enthousiasme 6.45
Entraînement à l'entretien 6.03
Entraînement à la négociation de salaire voir Salaire
Entraînement au traitement des minorités voir Minorités
Entraînement Drill 6.01, 6.03

Entretien en groupe voir Groupe
Entretiens : différents types voir Différents types
Entretiens en cascade 5.09
Entretiens multiples 5.09
Entretiens répétés 5.09
Erreurs d'un employé 1.23
Exemples à citer 6.49

Faire avant l'entretien (Choses à) voir Choses
Faire pendant l'entretien (Choses à) voir Choses
Fin de l'entretien voir Clôture
Frais de déplacement 2.11

Gains d'un employé 1.23
Grilles de salaire voir Salaire
Groupe (Entretien en) 5.03

Habillement voir Apparence physique
Handicaps 8.01

Illustrations à utiliser 6.49
Indemnités voir salaire
Information
- Stratégie d'obtention 2.01
- Sources 2.03
- Rassemblée avant l'entretien 2.01, 6.05, 6.13
- Sur le poste 2.03
- Sur le recruteur 2.03
- Sur le secteur 2.03

Information téléphonique sur un poste voir Téléphone
Information téléphonique sur un recruteur voir Téléphone
Information téléphonique sur un secteur voir Téléphone
Information téléphonique sur une entreprise voir Téléphone
Interviewers : nombre voir Recruteurs

Job-mix 6.55

Lettre d'engagement 6.65
Lieu de l'entretien 2.09
Look voir Apparence physique

Mains voir Apparence physique
Manières (Bonnes) 4.11, 6.53
Mauvaise séquence de questions voir Questions
Mauvaises références voir Références
Mensonges voir Bluff
Méthodes de négociation de salaire voir salaire
Minorités
- Différents types 8.01
- Entraînement au traitement 8.07
- Mode de traitement 8.01, 8.03
- Principe de traitement

Ne pas faire (Choses à ne pas) voir Choses
Négociation de salaire (Quand aborder la) voir Salaire
Négociation de salaire : méthodes voir Salaire
Négociation de salaire : principes voir Salaire
Négociation de salaire voir Salaire
Nombre d'interviewers voir Recruteurs
Nombre de mois de salaire voir Salaire
Notes (Prise de) 6.43

Objectifs
- Objectifs de l'entretien pour le candidat 1.01, 1.19
- Objectifs de l'entretien pour le recruteur 5.01
- Objectifs du candidat 1.01
- Objectifs du recruteur 5.01

Obtention d'informations voir Information
Obtention d'un entretien 1.03
Odeurs voir Apparence physique
Ouverture de l'entretien voir Entame

Panier emploi 6.41, 6.55
Parties d'un entretien (Différentes) 6.19
Personnes à citer voir Références
PIE
- Analyse de fonction/profil du poste 2.07
- Description de la méthode 2.07
- Analogies 2.05
- Principe 2.05, 2.07

Pièges
- Après l'entretien 5.13
- Avant l'entretien 5.05
- Pendant l'entretien 5.07

Piston 9.05
Plus et moins 7.25, 8.09
Plus et moins voir Question
Points à aborder en entretien 6.19, 6.25, 6.41
Points à éviter 8.09
Points faibles 8.07
Points forts et points faibles voir Question
Poser des questions (L'art de) voir Question
Poste (Analyse) voir Analyse
Posture voir Apparence physique
Premier contact 6.21
Préparatifs avant l'entretien 6.01
Prétentions de salaire voir Salaire
Primes voir Salaire
Principe de la PIE voir PIE
Principe de traitement des minorités voir Minorités
Principes de négociation de salaire voir Salaire
Prise de notes 6.43
Prise de rendez-vous téléphonique voir Téléphone
Problèmes/solutions 6.25
Profil du poste voir PIE
Promesses du recruteur 6.49
Propreté voir Apparence physique

Q.C.M. 7.29
Qualités et défauts voir Question
Quand passer un entretien voir Rang
Question
- Art de poser des questions 7.23, 7.25
- Bonnes questions 7.27
- Choix multiple (Questions à) 7.29
- Poser des questions (L'art de) 7.23, 7.25
- Question gênante : parlez-moi de vous 7.11
- Question gênante : avoir quitté son emploi 7.17
- Question gênante : être sans emploi 7.15
- Question gênante : vos plus et vos moins 7.13
- Question gênante : points forts et faibles 7.13
- Question gênante : qualités et défauts 7.13
- Question indiscrète 7.07
- Question silencieuse 5.11
- Questions (Bonnes) 7.25, 7.27
- Question (Pertinentes) 7.27

Questions (Séquence des) 7.23
Questions à choix multiples 7.29, 7.31
Questions de base du recruteur 7.01
Questions de reformulation 7.21
Questions de vérification 7.23
Questions échos 7.31
Questions entonnoir 7.35
Questions fermées 7.33
Questions les plus fréquentes 7.03, 7.05
Questions ouvertes 7.37
Questions pièges 7.19

Rang en entretien 6.11

Ratios Ratios 6.47
Ratios Ratios à utiliser 6.49

Réalisations 6.47
Recommandations voir Références

Recruteurs
Différents comportements 1.05
Différents types 1.07, 1.09, 1.11, 1.13, 1.15
Nombre 5.03

Références
Bonnes 9.01
Certificats de travail 9.03
Mauvaises 9.01
Personnes à citer 9.01
Recommandations 9.05

Reformulation 7.27

Refus
D'une candidature par l'entreprise 6.61
D'une proposition par le candidat 6.61

Regard voir Apparence physique
Relance 6.57
Relance teléphonique voir Téléphone
Remerciements 6.53
Répartition du temps 6.31
Réponse à annonce par téléphone voir Téléphone
Réponses (Durée des) 6.33
Répousser la négociation de salaire (L'art de) voir Salaire
Repousser une décision voir Décision
Responsable hiérarchique futur 1.15
Retard 6.15
Risques (Approche) voir Approche risques
Rythme (Accélération du) 6.35
Rythme de parole 6.35

Salaire
Art de repousser la question 10.15
Avantages en nature/indemnités 10.23, 10.25
Combien demander 10.17
Compensations/primes 10.23, 10.25
Courbe plateau 10.15
Courbes/grilles de salaire 10.21
Coût à la minute 10.13
Coût d'un employé 10.11
Coût de la vie 10.05
Entraînement à la négociation de salaire 10.07
Grilles 10.21
Méthodes de négociation 10.01, 10.03
Nombre de mois 10.19
Prétentions de salaire 10.17
Principes de négociation 10.07, 10.09, 10.11, 10.13, 10.15, 10.17, 10.19
Quand aborder la négociation 1.21, 10.15
Salaire brut 10.09
Salaire net 10.09

Savoir vivre 4.11
Sécurisation du recruteur voir Approche risques
Séquence des questions voir Question
Silence du recruteur 5.07, 5.11
Simulation d'entretien 6.03
Solutions voir Problèmes/solutions
Soucis du recruteur 6.23
Sources d'information voir Information
Stratégie de sécurisation voir Approche risques
Stress 6.07, 6.09
Structure de l'entretien 6.19
Style vestimentaire voir Apparence physique
Suivi 6.53
Sujets couverts en entretien 6.19, 6.41

Téléphone
Information sur un poste 3.03
Information sur un secteur 3.03
Information sur une organisation 3.03
Obtention d'informations 3.01, 3.05
Prise de rendez-vous 3.05
Recommandations générales 3.01, 3.05
Réponse à une annonce offre d'emploi 3.05
Téléphone : relance 6.57

Temps : répartition 6.31
Tenue vestimentaire voir Apparence physique
Trac voir stress
Types d'entretiens voir Entretiens

Vérification 7.27
Verrouillage voir Clôture
Vêtements voir Apparence physique
Vocabulaire 6.47
Vocabulaire à utiliser 6.49

Achevé d'imprimer en octobre 1990
sur les presses de l'imprimerie Laballery
58500 Clamecy
Dépôt légal : octobre 1990
Numéro d'impression : 005073